MEIN LERNSPASS-ÜBUNGSBLOCK

Erstes Multiplizieren

Text: Simon Tudhope
Illustrationen: Marta Cabrol

Gestaltung: Sharon Cooper
und Reuben Barrance

Übersetzung aus dem Englischen:
Andrea Reinacher

Redaktion der deutschen Ausgabe:
Redaktionsbüro Stiefenhofer

Am Ende des Blocks findest du
die Lösungsseiten. Dort kannst du überprüfen,
ob du die Aufgaben richtig gerechnet hast.

Hier lernst du die Tiere aus diesem Buch kennen.

Du kannst die Seiten aus dem Block heraustrennen und so überall das Multiplizieren üben!

Kroko

Lea

Finn

Alex

Lenni

Uta

Alfi

Tilo

Batu

Tara

Stiefelpaare

Addiere die Stiefel paarweise.
Schreibe die neue Summe unter jedes Paar.

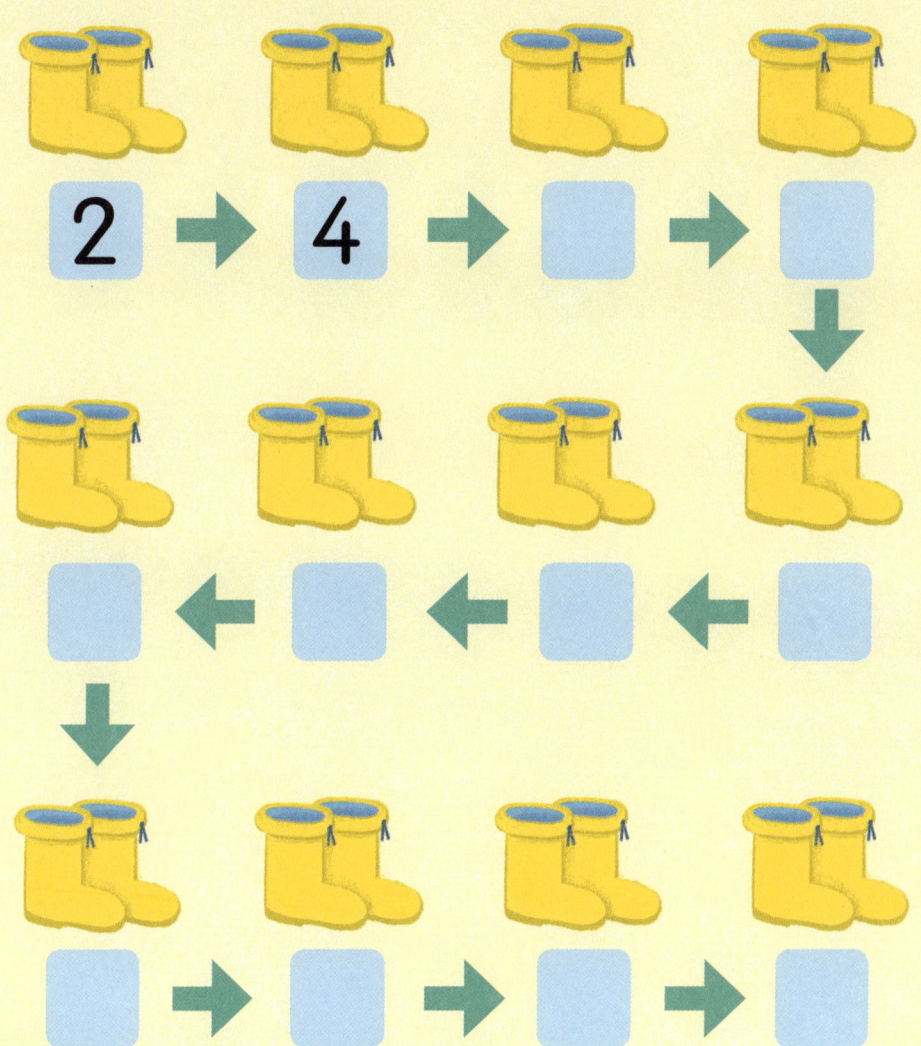

Zweier addieren

Kannst du Kroko helfen, die Zahlen zu addieren?
Schreibe die Summe in die Kreise.

$2+2+2=$ ◯

$2+2+2+2+2=$ ◯

Streiche jede Zahl durch,
wenn du sie addiert hast.

$2+2+2+2+2+2=$ ◯

$2+2+2+2+2+2+2=$ ◯

$2+2+2+2+2+2+2+2+2+2=$ ◯

$2+2+2+2+2+2+2+2=$ ◯

Gleiche Gruppen

Hilf Alex, die Raupengruppen auf zwei Arten zu beschreiben. Schreibe die richtigen Zahlen in die Kästchen.

☐ Gruppen von ☐ Raupen = 12 Raupen

☐ · ☐ = 12 Raupen

Würfelpunkte

Mache aus den Zweierwürfeln
Multiplikationsaufgaben der 2er-Reihe.

$$3 \cdot 2 = 6$$

$$\cdot = $$

$$\cdot = $$

$$\cdot = $$

Lösungen finden

Kannst du Batu helfen, die Lösungen zu den Rechnungen zu finden? Verbinde jede Rechnung mit der richtigen Lösung.

$2 \cdot 6$

12

18

14

$2 \cdot 10$

$7 \cdot 2$

8

$5 \cdot 2$

$3 \cdot 2$

10

20

$2 \cdot 4$

$9 \cdot 2$

6

Aufgaben zerlegen

Kannst du Uta helfen, die Lücken in den
Kästchen und Rechnungen auszufüllen?

2	2	2	2	2
10

$\underline{5} \cdot \underline{2} = \underline{10}$

18

.... $\cdot$ .... = ...

2	2	2	2	2	2	2	2	2

.... $\cdot$ .... = ...

2	2	2

.... $\cdot$ .... = ...

12

.... $\cdot$ .... = ...

Richtig oder falsch?

Mache einen ✔ neben die Rechnungen,
die richtig sind, und ein **X** neben
die Rechnungen, die falsch sind.

$10 \cdot 2 = 20$

$2 \cdot 4 = 6$

$7 \cdot 2 = 9$

$6 \cdot 2 = 12$

$2 \cdot 8 = 18$

$5 \cdot 2 = 10$

Gleiche Gruppen

Hilf Lenni, die Ballongruppen auf zwei Arten zu beschreiben. Schreibe die richtigen Zahlen in die Kästchen.

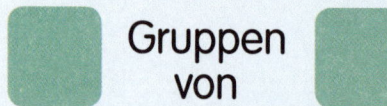 Gruppen von  Ballons = 14 Ballons

 ·  = 14 Ballons

Fehlende Zahlen

Schreibe die fehlenden Zahlen der Multiplikationsaufgaben in die Kästchen.

2 · ☐ = 10

8 · 2 = ☐

☐ · 2 = 18

2 · ☐ = 4

☐ · 2 = 20

2 · 7 = ☐

Zahlenrad

Kannst du Alfi helfen? Um die Zahl im äußeren Ring zu erhalten, muss er die Zahl im inneren Ring mit 2 multiplizieren.

Sechs mal zwei ist zwölf.

Rechnungen

Tilo möchte diese Rechnungen lösen. Kannst du ihm helfen? Schreibe die Lösungen in die Kreise.

$2 \cdot 9 =$ ◯

$2 \cdot 2 =$ ◯

$0 \cdot 2 =$ ◯

$2 \cdot 1 =$ ◯

$7 \cdot 2 =$ ◯

$2 \cdot 6 =$ ◯

$4 \cdot 2 =$ ◯

$3 \cdot 2 =$ ◯

$2 \cdot 7 =$ ◯

$1 \cdot 2 =$ ◯

$2 \cdot 4 =$ ◯

$2 \cdot 8 =$ ◯

$5 \cdot 2 =$ ◯

$2 \cdot 10 =$ ◯

Hm, mal sehen …

Mango-Fünfer

Addiere die Mangos in Fünfergruppen.
Schreibe die neue Summe unter jede Gruppe.

Fünfer addieren

Kannst du Kroko helfen, die Zahlen zu addieren?
Schreibe die Summe in die Kreise.

$5 + 5 + 5 + 5 =$

$5 + 5 + 5 + 5 + 5 + 5 =$

$5 + 5 + 5 + 5 + 5 + 5 + 5 + 5 =$

$5 + 5 + 5 =$

$5 + 5 =$

Das ist leicht!

$5 + 5 + 5 + 5 + 5 + 5 + 5 + 5 + 5 =$

Gleiche Gruppen

Hilf Alex, die Gläsergruppen auf zwei Arten zu beschreiben. Schreibe die richtigen Zahlen in die Kästchen.

☐ Gruppen von ☐ Gläsern = 25 Gläser

☐ · ☐ = 25 Gläser

Würfelpunkte

Mache aus den Fünferwürfeln
Multiplikationsaufgaben der 5er-Reihe.

$$4 \cdot 5 = 20$$

$$\underline{} \cdot \underline{} = \underline{}$$

$$\underline{} \cdot \underline{} = \underline{}$$

$$\underline{} \cdot \underline{} = \underline{}$$

Lösungen finden

Kannst du Batu helfen, die Lösungen zu den Rechnungen zu finden? Verbinde jede Rechnung mit der richtigen Lösung.

$5 \cdot 5$

35

5

$3 \cdot 5$

$5 \cdot 2$

$9 \cdot 5$

45

25

$7 \cdot 5$

20

$5 \cdot 4$

15

$1 \cdot 5$

10

Aufgaben zerlegen

Kannst du Uta und Mia helfen, die Lücken in den Kästchen und Rechnungen auszufüllen?

5	5	5	5
20			

$\underline{4} \cdot \underline{5} = \underline{20}$

5	5

$\ldots \cdot \ldots = \ldots$

·5

40							

$\ldots \cdot \ldots = \ldots$

5	5	5	5	5	5	5	5	5	5

$\ldots \cdot \ldots = \ldots$

25				

$\ldots \cdot \ldots = \ldots$

Hilf uns!

Richtig oder falsch?

Mache einen ✔ neben die Rechnungen,
die richtig sind, und ein **X** neben
die Rechnungen, die falsch sind.

$3 \cdot 5 = 12$

$5 \cdot 6 = 30$

$5 \cdot 1 = 1$

$5 \cdot 5 = 25$

$9 \cdot 5 = 50$

$7 \cdot 5 = 35$

Gleiche Gruppen

Hilf Lenni, die Schneckengruppen auf zwei Arten zu beschreiben. Schreibe die richtigen Zahlen in die Kästchen.

☐ Gruppen von ☐ Schnecken = 20 Schnecken

☐ • ☐ = 20 Schnecken

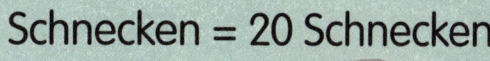

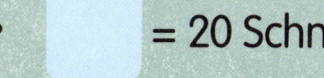

Fehlende Zahlen

Schreibe die fehlenden Zahlen
der Multiplikationsaufgaben
in die Kästchen.

$\square \cdot 3 = 15$

$5 \cdot \square = 30$

$4 \cdot 5 = \square$

$\square \cdot 5 = 5$

$5 \cdot 8 = \square$

$10 \cdot \square = 50$

Zahlenrad

Kannst du Lenni helfen? Um die Zahl im äußeren Ring zu erhalten, muss er die Zahl im inneren Ring mit 5 multiplizieren.

Rechnungen

Tilo möchte diese Rechnungen lösen. Kannst du ihm helfen? Schreibe die Lösungen in die Kreise.

$5 \cdot 4 =$ ◯ $2 \cdot 5 =$ ◯

$7 \cdot 5 =$ ◯ $5 \cdot 6 =$ ◯

$1 \cdot 5 =$ ◯ $4 \cdot 5 =$ ◯

$5 \cdot 8 =$ ◯ $10 \cdot 5 =$ ◯

$3 \cdot 5 =$ ◯ $5 \cdot 3 =$ ◯

$5 \cdot 5 =$ ◯ $8 \cdot 5 =$ ◯

$5 \cdot 0 =$ ◯

$9 \cdot 5 =$ ◯

Bananen-Zehner

Hilf Alfi, die Bananen in Zehnergruppen zu addieren. Schreibe die neue Summe unter jede Gruppe.

Zehner addieren

Kannst du Kroko helfen, die Zahlen zu addieren?
Schreibe die Summe in die Kreise.

$10 + 10 + 10 + 10 + 10 + 10 =$

$10 + 10 + 10 =$

$10 + 10 + 10 + 10 + 10 + 10 + 10 =$

$10 + 10 + 10 + 10 + 10 =$

$10 + 10 =$

Ich weiß die Lösung!

+10

$10 + 10 + 10 + 10 =$

Gleiche Gruppen

Hilf Alex, die Dosengruppen auf zwei Arten zu beschreiben. Schreibe die richtigen Zahlen in die Kästchen.

☐ Gruppen von ☐ Dosen = 20 Dosen

☐ · ☐ = 20 Dosen

Dominopunkte

26

Mache aus den Dominosteinen
Multiplikationsaufgaben der 10er-Reihe.

$$3 \cdot 10 = 30$$

$$\cdot \quad =$$

$$\cdot \quad =$$

$$\cdot \quad =$$

Lösungen finden

Kannst du Batu helfen, die Lösungen zu den Rechnungen zu finden? Verbinde jede Rechnung mit der richtigen Lösung.

$10 \cdot 8$

50

80

30

$4 \cdot 10$

$10 \cdot 0$

$7 \cdot 10$

60

70

0

$10 \cdot 5$

$3 \cdot 10$

Hallöchen!

$10 \cdot 6$

40

Aufgaben zerlegen

Kannst du Uta helfen, die Lücken in den
Kästchen und Rechnungen auszufüllen?

10	10	10	10	10
50				

$5 \cdot 10 = 50$

70						

$\text{......} \cdot \text{......} = \text{......}$

10	10	10	10

$\text{......} \cdot \text{......} = \text{......}$

10	10

$\text{......} \cdot \text{......} = \text{......}$

90							

$\text{......} \cdot \text{......} = \text{......}$

Richtig oder falsch? 29

Mache einen ✔ neben die Rechnungen,
die richtig sind, und ein **X** neben
die Rechnungen, die falsch sind.

$10 \cdot 4 = 40$

$7 \cdot 10 = 70$

$1 \cdot 10 = 1$

$10 \cdot 5 = 15$

$10 \cdot 9 = 90$

$3 \cdot 10 = 33$

Gleiche Gruppen

Hilf Lenni, die Käfergruppen auf zwei Arten zu beschreiben. Schreibe die richtigen Zahlen in die Kästchen.

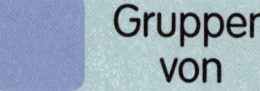 Gruppen von 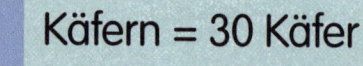 Käfern = 30 Käfer

 · = 30 Käfer

Fehlende Zahlen

Schreibe die fehlenden Zahlen der Multiplikationsaufgaben in die Kästchen.

$\square \cdot 4 = 40$

$5 \cdot 10 = \square$

$\square \cdot 6 = 60$

$10 \cdot \square = 20$

$3 \cdot 10 = \square$

$10 \cdot \square = 100$

Zahlenrad

Kannst du Alex helfen? Um die Zahl im
äußeren Ring zu erhalten, muss er die Zahl
im inneren Ring mit 10 multiplizieren.

Acht mal zehn
ist achtzig.

Rechnungen

Tilo möchte diese Rechnungen lösen. Kannst du ihm helfen? Schreibe die Lösungen in die Kreise.

$10 \cdot 8 =$

$4 \cdot 10 =$

$3 \cdot 10 =$

$10 \cdot 10 =$

$10 \cdot 5 =$

$9 \cdot 10 =$

$1 \cdot 10 =$

$10 \cdot 2 =$

$7 \cdot 10 =$

$8 \cdot 10 =$

$10 \cdot 0 =$

$5 \cdot 10 =$

$10 \cdot 6 =$

Los geht's!

$2 \cdot 10 =$

Ananas-Dreier

Addiere die Ananas in Dreiergruppen.
Schreibe die neue Summe unter jede Gruppe.

Dreier addieren

Kannst du Kroko helfen, die Zahlen zu addieren?
Schreibe die Summe in die Kreise.

$3+3+3+3=$ ⬤

$3+3+3=$ ⬤

$3+3+3+3+3+3=$ ⬤

$3+3=$ ⬤

$3+3+3+3+3+3+3+3=$ ⬤

$3+3+3+3+3+3+3+3+3+3=$ ⬤

Gleiche Gruppen

Hilf Alex, die Papageiengruppen auf zwei Arten zu beschreiben. Schreibe die richtigen Zahlen in die Kästchen.

☐ Gruppen von ☐ Papageien = 21 Papageien

☐ • ☐ = 21 Papageien

Würfelpunkte

Mache aus den Dreierwürfeln
Multiplikationsaufgaben der 3er-Reihe.

$$\underline{6} \cdot \underline{3} = \underline{18}$$

$$\cdot \quad =$$

$$\cdot \quad =$$

$$\cdot \quad =$$

Lösungen finden

Kannst du Batu helfen, die Lösungen zu den Rechnungen zu finden? Verbinde jede Rechnung mit der richtigen Lösung.

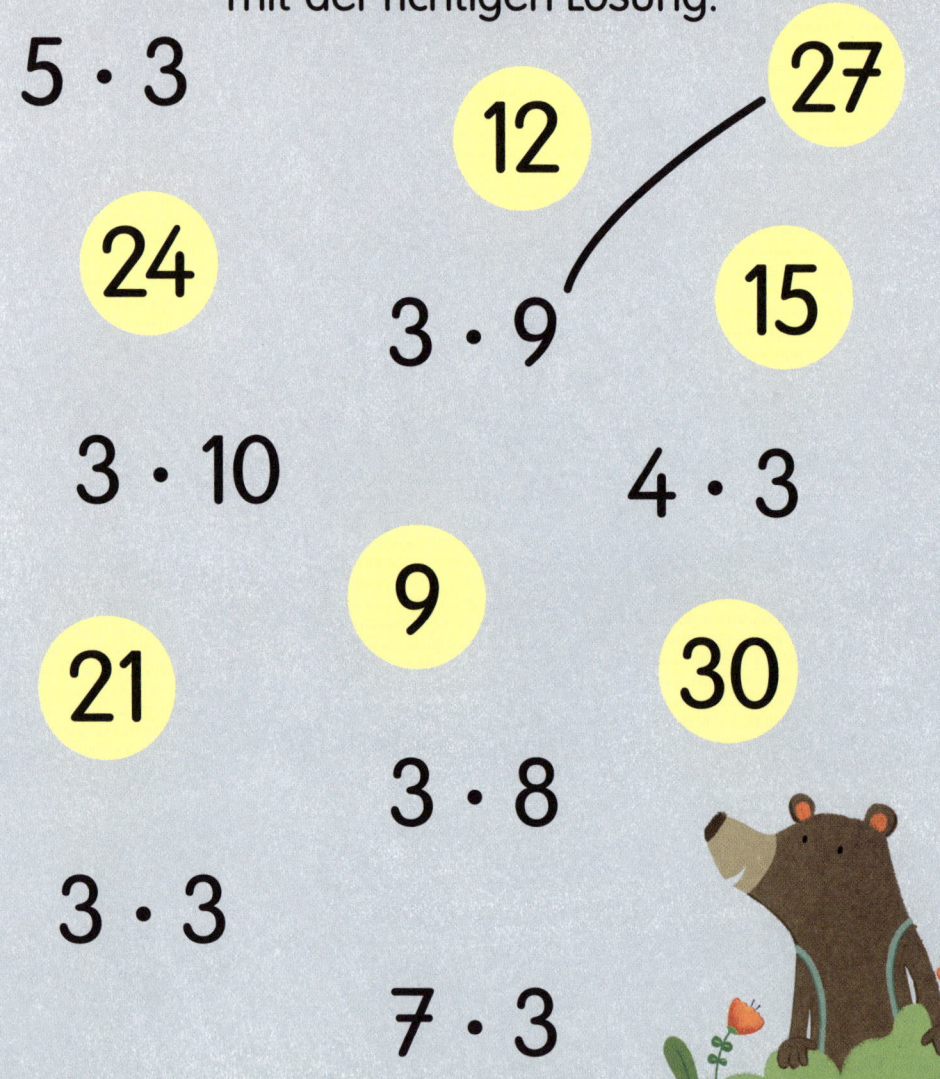

$5 \cdot 3$

27

12

24

$3 \cdot 9$

15

$3 \cdot 10$

$4 \cdot 3$

9

21

30

$3 \cdot 8$

$3 \cdot 3$

$7 \cdot 3$

Aufgaben zerlegen

Kannst du Uta helfen, die Lücken in den
Kästchen und Rechnungen auszufüllen?

3	3	3	3
	12		

4 · 3 = 12
....

3	3	3	3	3	3	3	3	3

.... · .... = ...

6	

.... · .... = ...

		18			

.... · .... = ...

3	3	3	3	3	3	3	3

.... · .... = ...

Richtig oder falsch?

Mache einen ✔ neben die Rechnungen,
die richtig sind, und ein **X** neben
die Rechnungen, die falsch sind.

$3 \cdot 6 = 18$ ☐

$3 \cdot 2 = 5$ ☐

$10 \cdot 3 = 30$ ☐

$3 \cdot 9 = 26$ ☐

$5 \cdot 3 = 15$ ☐

$3 \cdot 0 = 3$ ☐

Gleiche Gruppen

Hilf Lenni, die Faltergruppen auf zwei Arten zu beschreiben. Schreibe die richtigen Zahlen in die Kästchen.

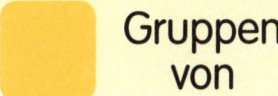 Gruppen von  Faltern = 27 Falter

 •  = 27 Falter

Fehlende Zahlen

Schreibe die fehlenden Zahlen der Multiplikationsaufgaben in die Kästchen.

$10 \cdot 3 = \boxed{}$

$5 \cdot \boxed{} = 15$

$\boxed{} \cdot 7 = 21$

$3 \cdot \boxed{} = 27$

$\boxed{} \cdot 3 = 9$

$4 \cdot 3 = \boxed{}$

Zahlenrad

Kannst du Lea helfen? Um die Zahl im äußeren Ring zu erhalten, muss sie die Zahl im inneren Ring mit 3 multiplizieren.

Vier mal drei ist zwölf.

Rechnungen

Tilo möchte diese Rechnungen lösen. Kannst du ihm helfen? Schreibe die Lösungen in die Kreise.

3 · 7 = ⬤   2 · 3 = ⬤

0 · 3 = ⬤   3 · 9 = ⬤

6 · 3 = ⬤   3 · 8 = ⬤

3 · 4 = ⬤   1 · 3 = ⬤

3 · 3 = ⬤   7 · 3 = ⬤

10 · 3 = ⬤   3 · 0 = ⬤

3 · 1 = ⬤

5 · 3 = ⬤

Lolli-Sechser

Addiere die Lollis in Sechsergruppen.
Schreibe die neue Summe unter jede Gruppe.

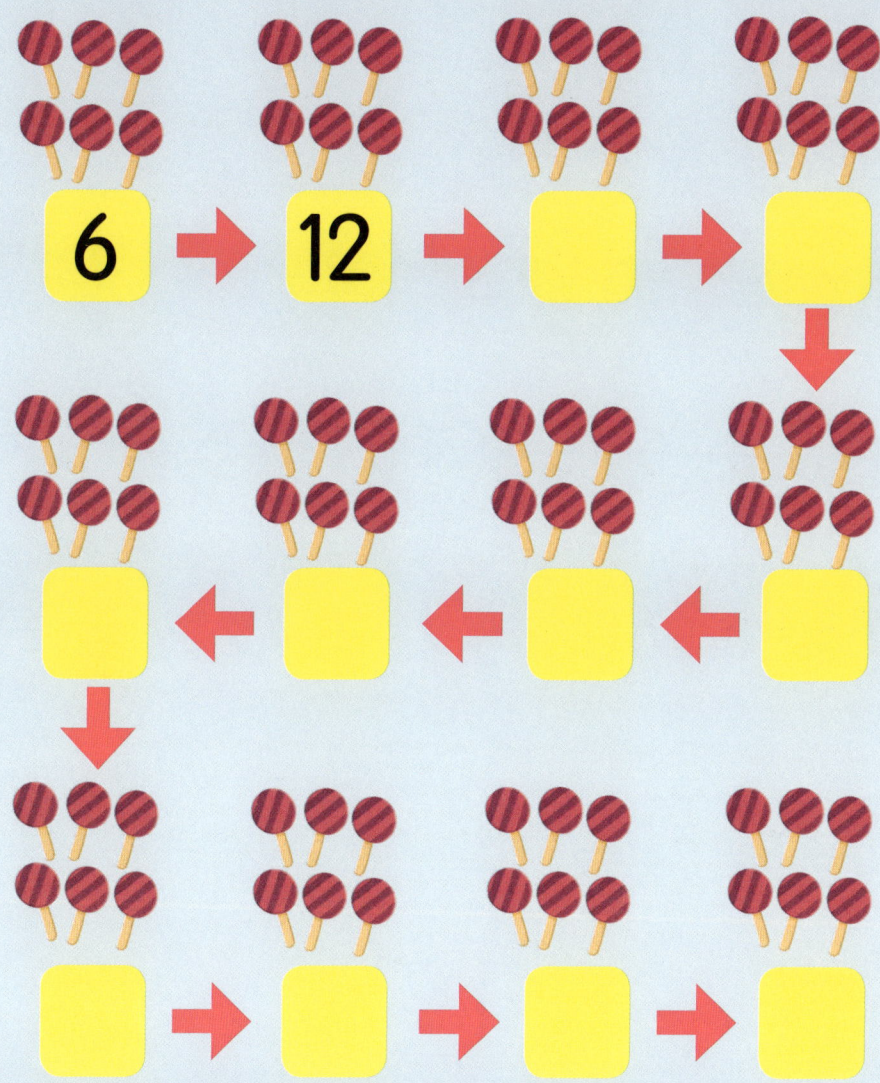

Sechser addieren

Kannst du Kroko helfen, die Zahlen zu addieren?
Schreibe die Summe in die Kreise.

$6+6+6+6+6+6+6+6=$ ◯

$6+6+6+6+6+6+6=$ ◯

$6+6+6+6+6+6+6+6+6+6=$ ◯

$6+6+6+6+6=$ ◯

Lass uns die Aufgabe
gemeinsam lösen!

$6+6+6=$ ◯

$6+6+6+6+6+6=$ ◯

Gleiche Gruppen

Hilf Alex, die Schirmgruppen auf zwei Arten zu beschreiben. Schreibe die richtigen Zahlen in die Kästchen.

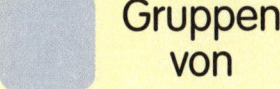 Gruppen von Schirmen = 24 Schirme

 •  = 24 Schirme

Würfelpunkte

Mache aus den Sechserwürfeln
Multiplikationsaufgaben der 6er-Reihe.

$$\underline{3} \cdot \underline{6} = \underline{18}$$

$$\underline{\quad} \cdot \underline{\quad} = \underline{\quad}$$

$$\underline{\quad} \cdot \underline{\quad} = \underline{\quad}$$

$$\underline{\quad} \cdot \underline{\quad} = \underline{\quad}$$

Lösungen finden

Kannst du Batu helfen, die Lösungen zu den Rechnungen zu finden? Verbinde jede Rechnung mit der richtigen Lösung.

$7 \cdot 6$

12

60

42

$6 \cdot 1$

$6 \cdot 6$

$4 \cdot 6$

30

$2 \cdot 6$

36

$6 \cdot 10$

24

$6 \cdot 5$

6

Aufgaben zerlegen

Kannst du Uta helfen, die Lücken in den
Kästchen und Rechnungen auszufüllen?

6	6	6	6	6	6
		36			

.6. · .6. = 36
....

12	

.... · .... = ...

6	6	6	6	6	6	6

.... · .... = ...

	24	

.... · .... = ...

6	6	6	6	6	6	6	6	6

.... · .... = ...

Richtig oder falsch?

Mache einen ✔ neben die Rechnungen,
die richtig sind, und ein ✗ neben
die Rechnungen, die falsch sind.

$6 \cdot 4 = 26$

$2 \cdot 6 = 14$

$8 \cdot 6 = 46$

$6 \cdot 5 = 30$

$6 \cdot 9 = 54$

$3 \cdot 6 = 16$

Gleiche Gruppen

Hilf Lenni, die Edelsteingruppen auf zwei Arten zu beschreiben. Schreibe die richtigen Zahlen in die Kästchen.

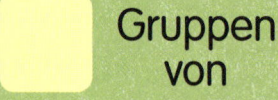

Gruppen von

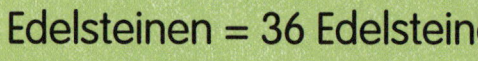

Edelsteinen = 36 Edelsteine

 · = 36 Edel-steine

Fehlende Zahlen

Schreibe die fehlenden Zahlen
der Multiplikationsaufgaben
in die Kästchen.

$5 \cdot \boxed{} = 30$

$\boxed{} \cdot 6 = 42$

$6 \cdot 9 = \boxed{}$

$0 \cdot 6 = \boxed{}$

$\boxed{} \cdot 4 = 24$

$6 \cdot \boxed{} = 18$

Zahlenrad

Kannst du Uta helfen? Um die Zahl im äußeren Ring zu erhalten, muss sie die Zahl im inneren Ring mit 6 multiplizieren.

Ein mal sechs ist sechs.

Rechnungen

Tilo möchte diese Rechnungen lösen. Kannst du ihm helfen? Schreibe die Lösungen in die Kreise.

$10 \cdot 6 =$ ⭕ $0 \cdot 6 =$ ⭕

$6 \cdot 3 =$ ⭕ $6 \cdot 6 =$ ⭕

$6 \cdot 2 =$ ⭕ $6 \cdot 5 =$ ⭕

$7 \cdot 6 =$ ⭕ $9 \cdot 6 =$ ⭕

$1 \cdot 6 =$ ⭕ $6 \cdot 8 =$ ⭕

$6 \cdot 9 =$ ⭕ $6 \cdot 1 =$ ⭕

$6 \cdot 4 =$ ⭕

$8 \cdot 6 =$ ⭕

Bücher-Vierer

Addiere die Bücher in Vierergruppen.
Schreibe die neue Summe unter jede Gruppe.

Vierer addieren

Kannst du Kroko helfen, die Zahlen zu addieren?
Schreibe die Summe in die Kreise.

$4 + 4 =$ ◯

$4 + 4 + 4 + 4 =$ ◯

$4 + 4 + 4 + 4 + 4 + 4 + 4 + 4 + 4 =$ ◯

$4 + 4 + 4 + 4 + 4 =$ ◯

Addiere die Zahlen
sorgfältig!

$4 + 4 + 4 =$ ◯

$4 + 4 + 4 + 4 + 4 + 4 =$ ◯

Gleiche Gruppen

Hilf Alex, die Schlangengruppen auf zwei Arten zu beschreiben. Schreibe die richtigen Zahlen in die Kästchen.

☐ Gruppen von ☐ Schlangen = 20 Schlangen

☐ • ☐ = 20 Schlangen

Würfelpunkte

59

Mache aus den Viererwürfeln
Multiplikationsaufgaben der 4er-Reihe.

$$8 \cdot 4 = 32$$

$$\underline{} \cdot \underline{} = \underline{}$$

$$\underline{} \cdot \underline{} = \underline{}$$

$$\underline{} \cdot \underline{} = \underline{}$$

Lösungen finden

Kannst du Batu helfen, die Lösungen zu den Rechnungen zu finden? Verbinde jede Rechnung mit der richtigen Lösung.

$4 \cdot 5$

8

20

28

$9 \cdot 4$

$4 \cdot 0$

$3 \cdot 4$

40

12

36

$4 \cdot 7$

$10 \cdot 4$

$4 \cdot 2$

0

Aufgaben zerlegen

Kannst du Uta helfen, die Lücken in den
Kästchen und Rechnungen auszufüllen?

4	4	4
12		

$\underline{3} \cdot \underline{4} = \underline{12}$

4	4	4	4	4	4	4	4

...... · .... = ...

4	4	4	4	4	4	4

.... · .... = ...

16			

.... · .... = ...

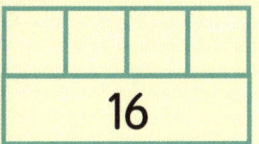

36								

.... · .... = ...

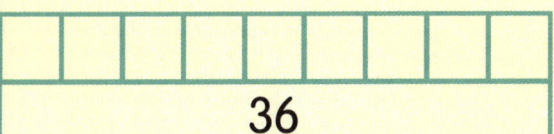

Richtig oder falsch?

Mache einen ✔ neben die Rechnungen,
die richtig sind, und ein **X** neben
die Rechnungen, die falsch sind.

$3 \cdot 4 = 12$

$5 \cdot 4 = 20$

$4 \cdot 8 = 32$

$4 \cdot 2 = 8$

$0 \cdot 4 = 0$

$4 \cdot 4 = 18$

Gleiche Gruppen

Hilf Lenni, die Fußballgruppen auf zwei Arten zu beschreiben. Schreibe die richtigen Zahlen in die Kästchen.

☐ Gruppen von ☐ Fußbällen = 28 Fußbälle

☐ · ☐ = 28 Fußbälle

Fehlende Zahlen

Schreibe die fehlenden Zahlen der Multiplikationsaufgaben in die Kästchen.

$\square \cdot 1 = 4$

$\square \cdot 4 = 28$

$4 \cdot 5 = \square$

$10 \cdot 4 = \square$

$4 \cdot \square = 16$

$4 \cdot \square = 8$

Zahlenrad

Kannst du Batu helfen? Um die Zahl im äußeren Ring zu erhalten, muss er die Zahl im inneren Ring mit 4 multiplizieren.

Fünf mal vier ist zwanzig.

Rechnungen

Tilo möchte diese Rechnungen lösen. Kannst du ihm helfen? Schreibe die Lösungen in die Kreise.

$4 \cdot 8 =$ ◯ $6 \cdot 4 =$ ◯

$2 \cdot 4 =$ ◯ $0 \cdot 4 =$ ◯

$5 \cdot 4 =$ ◯ $9 \cdot 4 =$ ◯

$4 \cdot 7 =$ ◯ $8 \cdot 4 =$ ◯

$4 \cdot 1 =$ ◯ $4 \cdot 6 =$ ◯

$10 \cdot 4 =$ ◯ $4 \cdot 2 =$ ◯

$4 \cdot 9 =$ ◯

$4 \cdot 4 =$ ◯

Flaschen-Achter

Addiere die Flaschen in Achtergruppen.
Schreibe die neue Summe unter jede Gruppe.

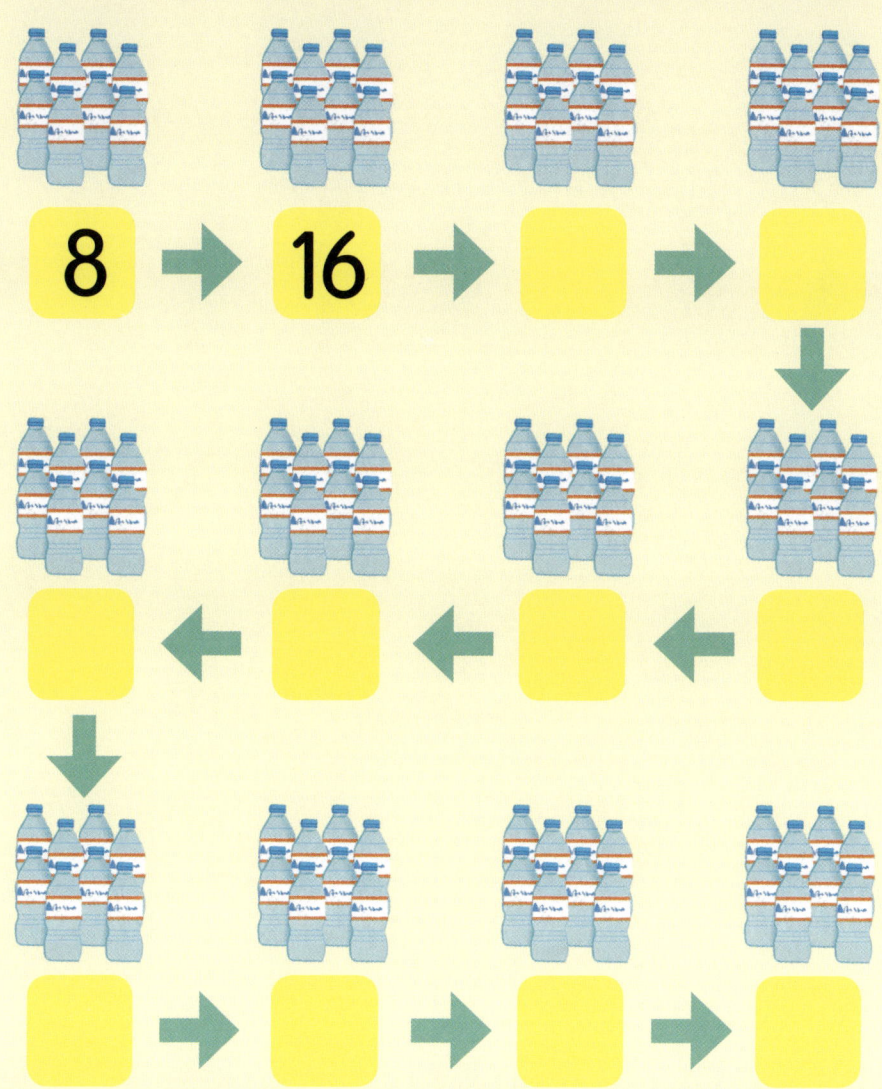

Achter addieren

Kannst du Kroko helfen, die Zahlen zu addieren?
Schreibe die Summe in die Kreise.

$8+8+8+8+8+8+8=$ ◯

$8+8=$ ◯

$8+8+8+8+8+8+8+8+8+8=$ ◯

$8+8+8+8+8+8=$ ◯

$8+8+8+8=$ ◯

$8+8+8+8+8=$ ◯

Gleiche Gruppen

Hilf Alex, die Sandwichgruppen auf zwei Arten zu beschreiben. Schreibe die richtigen Zahlen in die Kästchen.

☐ Gruppen von ☐ Sandwiches = 24 Sandwiches

☐ • ☐ = 24 Sandwiches

Dominopunkte

Mache aus den Dominosteinen
Multiplikationsaufgaben der 8er-Reihe.

$$\underline{2} \cdot \underline{8} = \underline{16}$$

$$\underline{} \cdot \underline{} = \underline{}$$

$$\underline{} \cdot \underline{} = \underline{}$$

$$\underline{} \cdot \underline{} = \underline{}$$

Lösungen finden

Kannst du Batu helfen, die Lösungen zu den Rechnungen zu finden? Verbinde jede Rechnung mit der richtigen Lösung.

$5 \cdot 8$

8

32

24

$3 \cdot 8$

$8 \cdot 10$

$8 \cdot 8$

$4 \cdot 8$

40

64

80

$1 \cdot 8$

$8 \cdot 7$

56

Aufgaben zerlegen

Kannst du Uta helfen, die Lücken in den
Kästchen und Rechnungen auszufüllen?

8	8	8	8	8
		40		

$5 \cdot 8 = 40$

				72				

...... $\cdot$ ...... = ...

8	8	8	8	8	8	8

...... $\cdot$ ...... = ...

16	

...... $\cdot$ ...... = ...

8	8	8	8

...... $\cdot$ ...... = ...

Richtig oder falsch?

Mache einen ✔ neben die Rechnungen,
die richtig sind, und ein ✗ neben
die Rechnungen, die falsch sind.

$8 \cdot 10 = 88$

$8 \cdot 6 = 48$

$1 \cdot 8 = 8$

$9 \cdot 8 = 72$

$8 \cdot 5 = 40$

$7 \cdot 8 = 56$

Gleiche Gruppen

Hilf Lenni, die Blumengruppen auf zwei Arten zu beschreiben. Schreibe die richtigen Zahlen in die Kästchen.

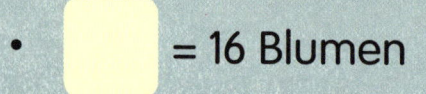

☐ Gruppen von ☐ Blumen = 16 Blumen

☐ • ☐ = 16 Blumen

Fehlende Zahlen

Schreibe die fehlenden Zahlen
der Multiplikationsaufgaben
in die Kästchen.

$8 \cdot 3 = \boxed{}$

$\boxed{} \cdot 8 = 72$

$4 \cdot \boxed{} = 32$

$10 \cdot \boxed{} = 80$

$8 \cdot 8 = \boxed{}$

$\boxed{} \cdot 8 = 0$

Zahlenrad

Kannst du Kroko helfen? Um die Zahl im äußeren Ring zu erhalten, muss er die Zahl im inneren Ring mit 8 multiplizieren.

Drei mal acht ist vierundzwanzig.

Rechnungen

Batu möchte diese Rechnungen lösen. Kannst du ihm helfen? Schreibe die Lösungen in die Kreise.

$3 \cdot 8 =$ ◯

$8 \cdot 10 =$ ◯

$7 \cdot 8 =$ ◯

$8 \cdot 5 =$ ◯

$8 \cdot 8 =$ ◯

$0 \cdot 8 =$ ◯

$2 \cdot 8 =$ ◯

$8 \cdot 1 =$ ◯

$8 \cdot 4 =$ ◯

$6 \cdot 8 =$ ◯

$9 \cdot 8 =$ ◯

$8 \cdot 3 =$ ◯

$8 \cdot 7 =$ ◯

$10 \cdot 8 =$ ◯

Punktefelder

Ergänze die fehlende Zahl in den
Rechnungen. Das Punktefeld hilft dir.

$5 \cdot 2 = 10$

$\ldots \cdot 2 = 8$

$2 \cdot \ldots = 12$

$\ldots \cdot 2 = 4$

$2 \cdot \ldots = 6$

Umkehraufgaben

Finde die beiden Tauschaufgaben zu den Punktefeldern.

$$...... \cdot ...... = 8$$

$$...... \cdot ...... = 8$$

$$7 \cdot ...... = ...$$

$$2 \cdot ...... = ...$$

$$...... \cdot 2 = ...$$

$$...... \cdot 3 = ...$$

$$...... \cdot ...... = ...$$

$$...... \cdot ...... = ...$$

Rechnungen verbinden

Verbinde die Rechnungen,
die die gleiche Lösung haben.

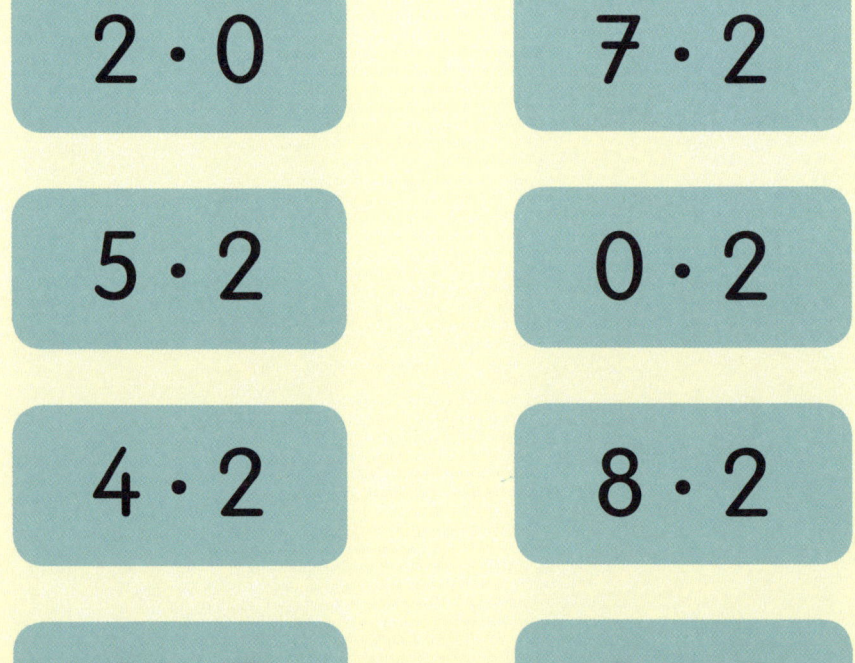

2 · 8	2 · 4
2 · 0	7 · 2
5 · 2	0 · 2
4 · 2	8 · 2
2 · 7	2 · 5

Punktefelder

Ergänze die fehlende Zahl in den Rechnungen. Das Punktefeld hilft dir.

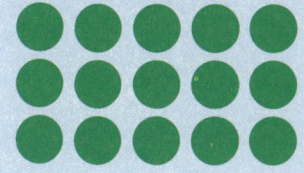

$3 \cdot \text{......} = 15$

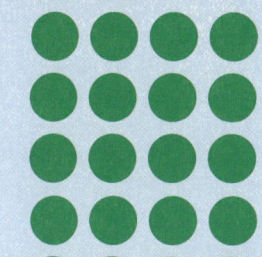

$5 \cdot \text{......} = \text{......}$

$\text{......} \cdot 5 = \text{......}$ $2 \cdot 5 = \text{......}$

$\text{......} \cdot 1 = 5$

Umkehraufgaben

Finde die beiden Tauschaufgaben
zu den Punktefeldern.

...... · 10 = 50

...... · 5 = 50

5 · 3 = ... · ...... = ...

3 · 5 = ... · ...... = ...

Rechnungen verbinden

Verbinde die Rechnungen, die die gleiche Lösung haben.

5 · 7	5 · 0
0 · 5	5 · 3
3 · 5	7 · 5
8 · 5	2 · 5
5 · 2	5 · 8

Punktefelder

Ergänze die fehlende Zahl in den Rechnungen. Das Punktefeld hilft dir.

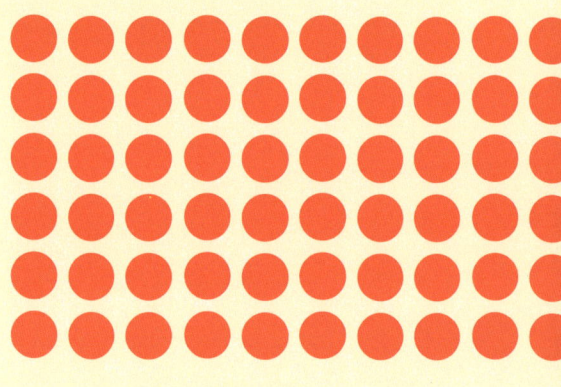

$6 \cdot \text{......} = \text{......}$

$\text{......} \cdot 5 = 50$

$10 \cdot \text{......} = \text{......}$

Umkehraufgaben

Finde die beiden Tauschaufgaben
zu den Punktefeldern.

...... • 10 = ...

...... • 7 = ...

_____ • 10 = 20

_____ • 2 = 20

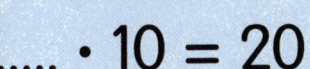

...... • ...... = ...

...... • ...... = ...

Rechnungen verbinden

Verbinde die Rechnungen, die die gleiche Lösung haben.

$$1 \cdot 10 \qquad 10 \cdot 5$$

$$10 \cdot 4 \qquad 10 \cdot 1$$

$$5 \cdot 10 \qquad 4 \cdot 10$$

$$9 \cdot 10 \qquad 7 \cdot 10$$

$$10 \cdot 7 \qquad 10 \cdot 9$$

Punktefelder

Ergänze die fehlende Zahl in den
Rechnungen. Das Punktefeld hilft dir.

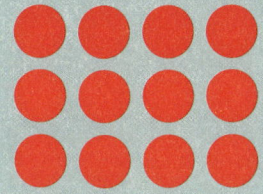

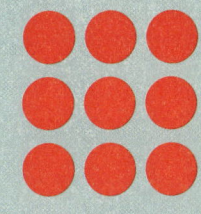

$3 \cdot 4 = $ ......

$3 \cdot $ ...... $= 9$

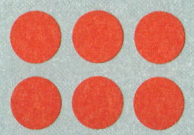

...... $\cdot 3 = 6$

$1 \cdot 3 = $ ......

$7 \cdot $ ...... $= $ ......

Umkehraufgaben

Finde die beiden Tauschaufgaben zu den Punktefeldern.

$3 \cdot \dots = 12$

$4 \cdot \dots = 12$

$\dots \cdot 3 = 21$

$\dots \cdot 7 = 21$

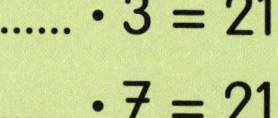

$2 \cdot 3 = \dots$

$3 \cdot 2 = \dots$

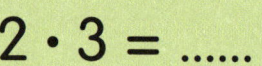

$\dots \cdot \dots = \dots$

$\dots \cdot \dots = \dots$

Rechnungen verbinden

Verbinde die Rechnungen, die die gleiche Lösung haben.

$3 \cdot 8$	$9 \cdot 3$
$2 \cdot 3$	$3 \cdot 2$
$4 \cdot 3$	$3 \cdot 6$
$6 \cdot 3$	$8 \cdot 3$
$3 \cdot 9$	$3 \cdot 4$

Punktefelder

Ergänze die fehlende Zahl in den
Rechnungen. Das Punktefeld hilft dir.

$$6 \cdot \text{......} = 60$$

$$\text{......} \cdot 5 = 30 \qquad 2 \cdot \text{......} = \text{......}$$

Finde die beiden Tauschaufgaben
zu den Punktefeldern.

...... • ...... = 48

...... • ...... = 48

6 • ...... = 12

2 • ...... = 12

6 • 3 = ...

3 • 6 = ...

Rechnungen verbinden

Verbinde die Rechnungen, die die gleiche Lösung haben.

$2 \cdot 6$	$6 \cdot 4$
$4 \cdot 6$	$6 \cdot 5$
$5 \cdot 6$	$7 \cdot 6$
$6 \cdot 7$	$0 \cdot 6$
$6 \cdot 0$	$6 \cdot 2$

Punktefelder

Ergänze die fehlende Zahl in den
Rechnungen. Das Punktefeld hilft dir.

$3 \cdot \text{......} = 12$

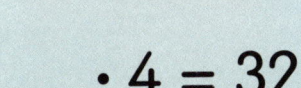

$\text{......} \cdot 4 = 32$

$4 \cdot 4 = \text{......}$

$\text{......} \cdot 2 = \text{......}$

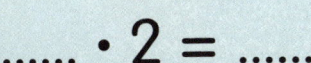

$\text{......} \cdot 4 = \text{......}$

Umkehraufgaben

Finde die beiden Tauschaufgaben
zu den Punktefeldern.

$4 \cdot \ldots = 28$

$7 \cdot \ldots = 28$

$\ldots \cdot \ldots = \ldots$

$\ldots \cdot \ldots = \ldots$

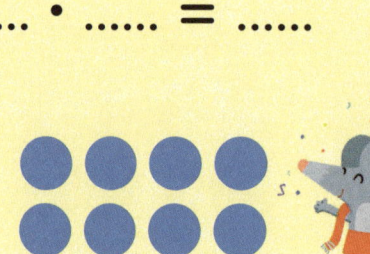

$\ldots \cdot 4 = 8$

$5 \cdot \ldots = \ldots$

$\ldots \cdot 2 = 8$

$4 \cdot \ldots = \ldots$

Rechnungen verbinden

Verbinde die Rechnungen, die die gleiche Lösung haben.

4 · 9	4 · 7
4 · 5	4 · 2
2 · 4	5 · 4
7 · 4	3 · 4
4 · 3	9 · 4

Punktefelder

Ergänze die fehlende Zahl in den Rechnungen. Das Punktefeld hilft dir.

$2 \cdot \;\underline{\quad\quad}\; = 16$

$\underline{\quad\quad} \cdot 8 = 80$

$\underline{\quad\quad} \cdot 5 = \underline{\quad\quad}$

Umkehraufgaben

Finde die beiden Tauschaufgaben
zu den Punktefeldern.

...... • 5 = ...

...... • 8 = ...

8 • ...... = 32

4 • ...... = 32

...... • ...... = ...

...... • ...... = ...

Rechnungen verbinden

Verbinde die Rechnungen,
die die gleiche Lösung haben.

$4 \cdot 8$	$5 \cdot 8$
$9 \cdot 8$	$8 \cdot 1$
$1 \cdot 8$	$8 \cdot 4$
$8 \cdot 6$	$8 \cdot 9$
$8 \cdot 5$	$6 \cdot 8$

Punktefelder

Ergänze die fehlende Zahl in den
Rechnungen. Das Punktefeld hilft dir.

1 • ..... = ...

 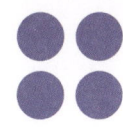

..... • 4 = ... • ..... = ...

..... • 5 = ...

Punktefelder

100

Ergänze die fehlende Zahl in den
Rechnungen. Das Punktefeld hilft dir.

..... · 4 = ...

4 · ..... = ...

..... · ..... = 9

..... · 2 = ...

1 · ..... = ...

Umkehraufgaben

Finde die beiden Tauschaufgaben zu den Punktefeldern.

..... • ..... = ...

..... • ..... = ...

..... • ..... = ...

..... • ..... = ...

..... • ..... = ...

..... • ..... = ...

..... • ..... = ...

..... • ..... = ...

Umkehraufgaben

Finde die beiden Tauschaufgaben
zu den Punktefeldern.

..... • ..... = ...

..... • ..... = ...

..... • ..... = ...

..... • ..... = ...

..... • ..... = ... • ..... = ...

..... • ..... = ... • ..... = ...

Das Ergebnis ist 12

Hilf Lea, alle Rechnungen mit dem Ergebnis 12 zu finden. Kreise sie ein.

2 · 6

5 · 3

4 · 7

1 · 2

3 · 4

2 · 5

2 · 7

6 · 2

3 · 5

Das Ergebnis ist 16

Hilf Alfi, alle Rechnungen mit dem Ergebnis 16 zu finden. Kreise sie ein.

$5 \cdot 3$

$3 \cdot 8$

$1 \cdot 6$

$4 \cdot 4$

$3 \cdot 4$

$6 \cdot 5$

$2 \cdot 8$

$3 \cdot 4$

$8 \cdot 2$

Das Ergebnis ist 18

Hilf Lenni, alle Rechnungen mit dem
Ergebnis 18 zu finden. Kreise sie ein.

4 · 5

2 · 9

3 · 9

6 · 3

5 · 4

10 · 2

9 · 2

8 · 2

3 · 6

Das Ergebnis ist 20

Hilf Alex, alle Rechnungen mit dem Ergebnis 20 zu finden. Kreise sie ein.

$2 \cdot 6$

$9 \cdot 2$

$5 \cdot 5$

$5 \cdot 4$

$8 \cdot 12$

$3 \cdot 6$

$6 \cdot 2$

$4 \cdot 5$

$2 \cdot 10$

Gleiche Ergebnisse

Finde sechs Multiplikationsaufgaben, die als Ergebnis 12 haben.

☐ · ☐ = 12

☐ · ☐ = 12

☐ · ☐ = 12

☐ · ☐ = 12

☐ · ☐ = 12

☐ · ☐ = 12

Gleiche Ergebnisse

Finde sechs Multiplikationsaufgaben,
die als Ergebnis 18 haben.

⬜ · ⬜ = 18

⬜ · ⬜ = 18

⬜ · ⬜ = 18

⬜ · ⬜ = 18

⬜ · ⬜ = 18

⬜ · ⬜ = 18

Finde sechs Multiplikationsaufgaben,
die als Ergebnis 20 haben.

☐ · ☐ = 20

☐ · ☐ = 20

☐ · ☐ = 20

☐ · ☐ = 20

☐ · ☐ = 20

☐ · ☐ = 20

Gleiche Ergebnisse

Finde acht Multiplikationsaufgaben,
die als Ergebnis 24 haben.

☐	· ☐	=	24
☐	· ☐	=	24
☐	· ☐	=	24
☐	· ☐	=	24
☐	· ☐	=	24
☐	· ☐	=	24
☐	· ☐	=	24
☐	· ☐	=	24

Richtig oder falsch?

Finn möchte wissen, welche Aussage richtig und welche falsch ist. Kannst du ihm helfen? Schreibe ein R oder ein F in das Kästchen.

10 ist ein Vielfaches von 2.

14 ist ein Vielfaches von 5.

21 ist ein Vielfaches von 2.

20 ist ein Vielfaches von 10.

35 ist ein Vielfaches von 5.

16 ist ein Vielfaches von 10.

Richtig oder falsch?

Tara möchte wissen, welche Aussage richtig und welche falsch ist. Kannst du ihr helfen? Schreibe ein R oder ein F in das Kästchen.

7 ist ein Vielfaches von 2.

45 ist ein Vielfaches von 5.

10 ist ein Vielfaches von 10.

18 ist ein Vielfaches von 2.

52 ist ein Vielfaches von 5.

26 ist ein Vielfaches von 10.

Richtig oder falsch?

Uta möchte wissen, welche Aussage richtig und welche falsch ist. Kannst du ihr helfen? Schreibe ein R oder ein F in das Kästchen.

20 ist ein Vielfaches von 2, 5 und 10. ☐

15 ist ein Vielfaches von 2, 5 und 10. ☐

45 ist ein Vielfaches von 5 und 10. ☐

100 ist ein Vielfaches von 2, 5 und 10. ☐

10 ist ein Vielfaches von 2, 5 und 10. ☐

5 ist ein Vielfaches von 5 und 10. ☐

Multiplizier-Quadrate

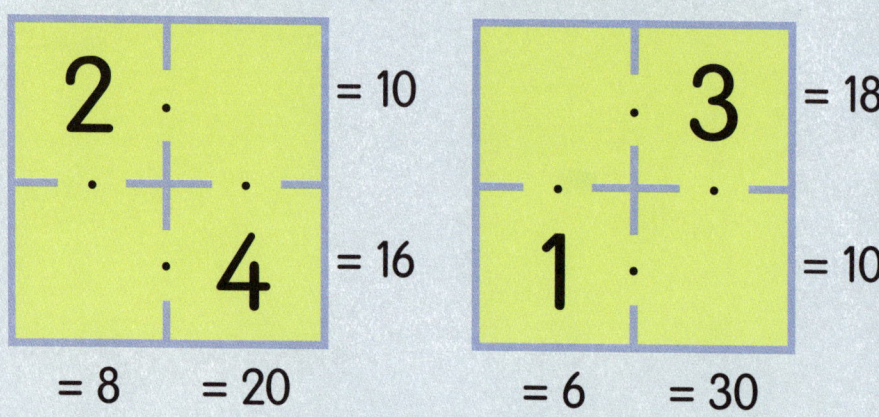

Finde die fehlende Zahl in den Multiplizieraufgaben, damit das Ergebnis neben und unter dem Quadrat stimmt.

$5 \cdot 5 = 25$

$\cdot \quad \cdot = 12$

$= 30 \qquad = 10$

$10 \cdot \quad = 30$

$1 \cdot \quad = 2$

$= 10 \qquad = 6$

$2 \cdot \quad = 10$

$\cdot \quad 4 = 16$

$= 8 \qquad = 20$

$\cdot \ 3 = 18$

$1 \cdot \quad = 10$

$= 6 \qquad = 30$

Textaufgaben

Schreibe die Lösungszahl zu diesen
Textaufgaben in die Kästchen.

In einem Netz sind fünf Orangen.
Wie viele Orangen sind in acht Netzen?

Auf einer Kegelbahn stehen
neun Kegel. Wie viele Kegel
stehen auf zehn Kegelbahnen?

In einer Erdnussschale sind
zwei Erdnüsse. Wie viele Erdnüsse
sind in fünf Erdnussschalen?

Ein Schmetterling hat zwei Punkte.
Wie viele Punkte haben sieben
Schmetterlinge?

Multiplikationstafel

Trage die fehlenden Zahlen in die Tafel ein.
Multipliziere dafür die Zahl in der ersten Spalte
mit der Zahl in der obersten Reihe.

·	1	6	4	0	3
10					
5			20		
2					6
4		24			
3	3				

Zahlenpyramiden

Hilf Finn! In jede Frucht kommt das Ergebnis, das du erhältst, wenn du die zwei darunterliegenden Zahlen miteinander multiplizierst.

117

Ich habe die erste Zahl schon eingetragen!

Textaufgaben

Schreibe die Lösungszahl zu diesen
Textaufgaben in die Kästchen.

Ein Papagei hat zwei Flügel.
Wie viele Flügel haben fünf Papageien?

An einem Fuß sind fünf Zehen.
Wie viele Zehen sind an vier Füßen?

In einer Packung sind zehn Kekse.
Wie viele Kekse sind in neun Packungen?

Alfi kann zehn Bananen in einer Minute
pflücken. Wie viele Bananen kann er in
sechs Minuten pflücken?

Honigwabe

Finde einen Weg vom Start zum Ziel, indem du nur über Zahlen gehst, die ein Vielfaches von 2 sind. Gehe nicht zweimal durch dieselbe Zelle.

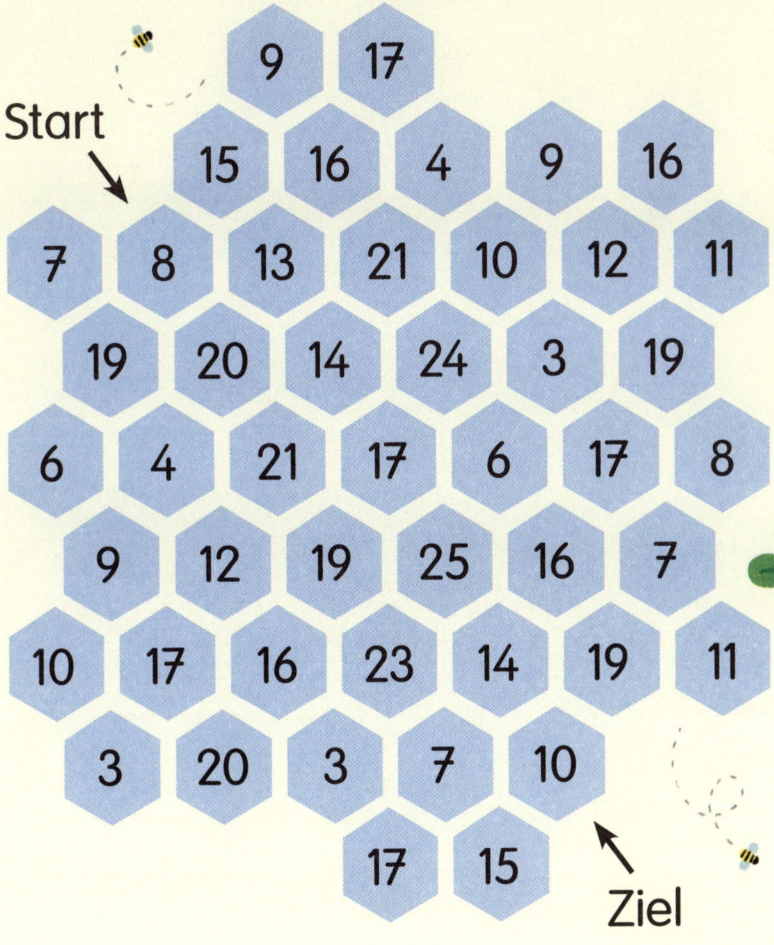

Start

9	17
15	16	4	9	16
7	8	13	21	10	12	11
19	20	14	24	3	19
6	4	21	17	6	17	8
9	12	19	25	16	7
10	17	16	23	14	19	11
3	20	3	7	10
17	15

Ziel

Multiplizier-Quadrate

Finde die fehlende Zahl in den Multiplizieraufgaben, damit das Ergebnis neben und unter dem Quadrat stimmt.

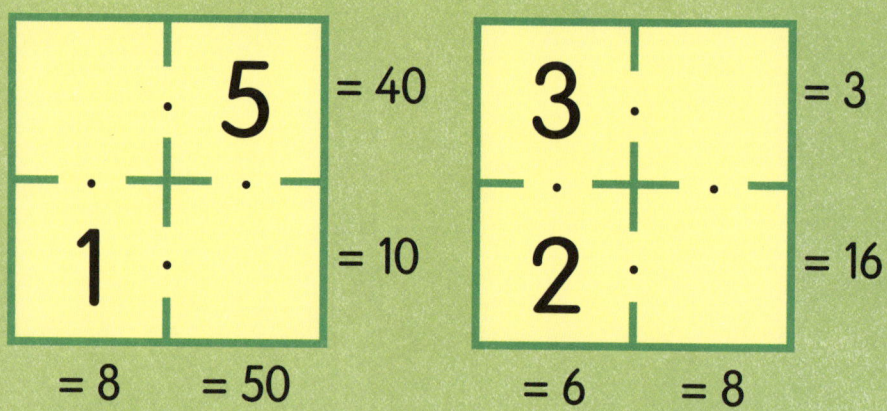

Zahlenpyramiden

Hilf Finn! In jede Frucht kommt das Ergebnis, das du erhältst, wenn du die zwei darunterliegenden Zahlen miteinander multiplizierst.

8

2 2 4

10 0 8

Zwei mal vier ist acht.

1 5 2

2 2 2

Textaufgaben

Schreibe die Lösungszahl zu diesen
Textaufgaben in die Kästchen.

Eine Ampel hat drei Lichter.
Wie viele Lichter haben vier Ampeln?

In einer Packung sind sechs Dosen.
Wie viele Dosen sind in drei Packungen?

An einem Dreirad sind drei Räder.
Wie viele Räder sind an fünf Dreirädern?

In einem Kanu können sechs Affen
fahren. Wie viele Affen können in
sieben Kanus fahren?

Multiplikationstafel

Trage die fehlenden Zahlen in die Tafel ein.
Multipliziere dafür die Zahl in der ersten Spalte
mit der Zahl in der obersten Reihe.

·	2	10	0	5	4
4	8				
6					
2			0		
1		10			
3				15	

Honigwabe

Finde einen Weg vom Start zum Ziel, indem du nur über Zahlen gehst, die ein Vielfaches von 5 sind. Gehe nicht zweimal durch dieselbe Zelle.

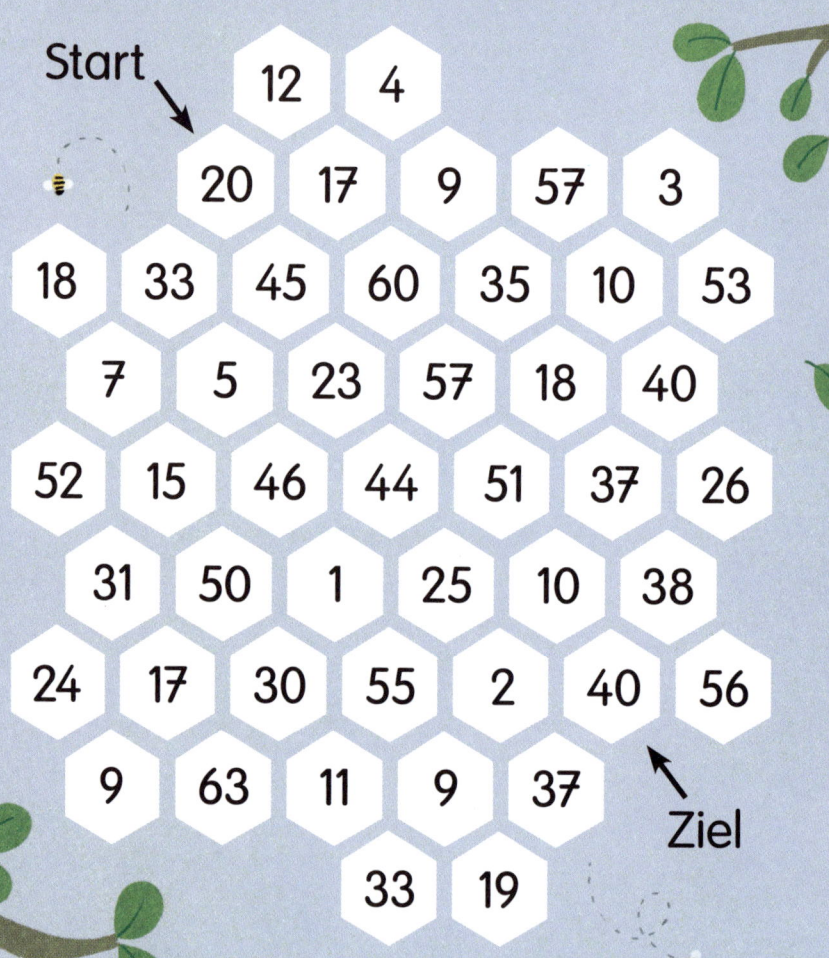

Multiplizier-Quadrate

Finde die fehlende Zahl in den Multiplizieraufgaben, damit das Ergebnis neben und unter dem Quadrat stimmt.

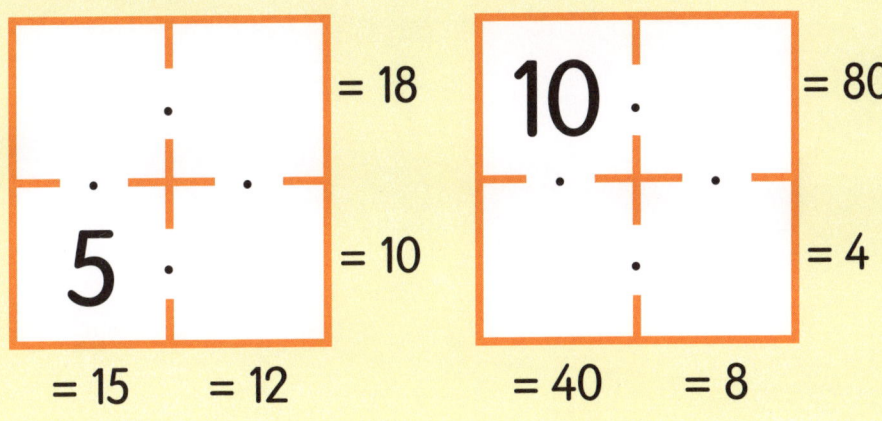

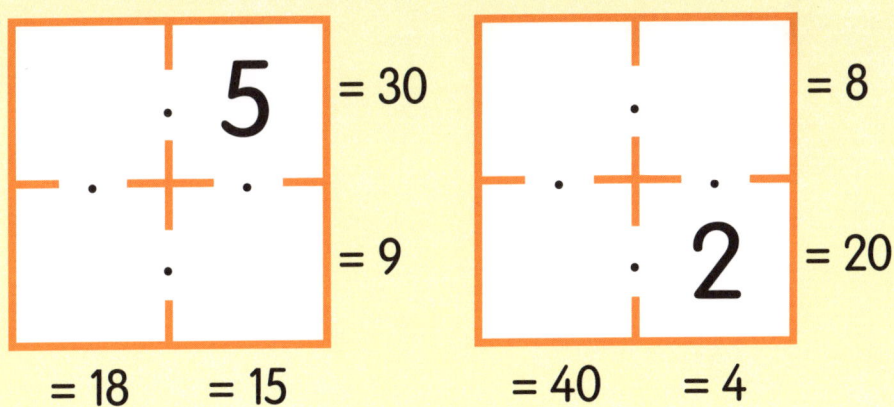

Textaufgaben

Schreibe die Lösungszahl zu diesen
Textaufgaben in die Kästchen.

In einer Eiswaffel sind drei Kugeln.
Wie viele Kugeln sind in sieben Eiswaffeln?

Eine Ameise hat sechs Beine.
Wie viele Beine haben zehn Ameisen?

In einem Heißluftballon können drei
Personen mitfahren. Wie viele Personen
können in neun Heißluftballons mitfahren?

Tilo brauch sechs Sekunden, um einen
Baum zu zeichnen. Wie lange braucht er,
um acht Bäume zu zeichnen?

Zahlenpyramiden

Hilf Tara! In jede Frucht kommt das Ergebnis, das du erhältst, wenn du die zwei darunter-liegenden Zahlen miteinander multiplizierst.

Multiplikationstafel

Trage die fehlenden Zahlen in die Tafel ein.
Multipliziere dafür die Zahl in der ersten Spalte
mit der Zahl in der obersten Reihe.

·	2	4	10	8	3
5					15
3		12			
0					0
4				32	
1					

Textaufgaben

Schreibe die Lösungszahl zu diesen Textaufgaben in die Kästchen.

Eine Henne legt acht Eier pro Tag.
Wie viele Eier legt sie in sieben Tagen?

Ein Jahr hat vier Jahreszeiten. Wie viele Jahreszeiten sind das in neun Jahren?

Eine Mandarine hat acht Schnitze.
Wie viele Schnitze haben vier Mandarinen?

Eine Handvoll Fischfutter reicht für vier Fische. Wie viele Fische kannst du mit drei Handvoll füttern?

Honigwabe

Finde einen Weg vom Start zum Ziel, indem du nur über Zahlen gehst, die ein Vielfaches von 10 sind. Gehe nicht zweimal durch dieselbe Zelle.

Start

Ziel

43 15

92 75 24 50 106

60 25 37 12 20 54 93

40 33 30 110 23 16

67 70 100 85 70 114 49

88 35 90 13 80 117

57 24 30 79 46 59 11

32 96 10 120 63

102 80

Multiplizier-Quadrate 131

Finde die fehlende Zahl in den Multiplizieraufgaben, damit das Ergebnis neben und unter dem Quadrat stimmt.

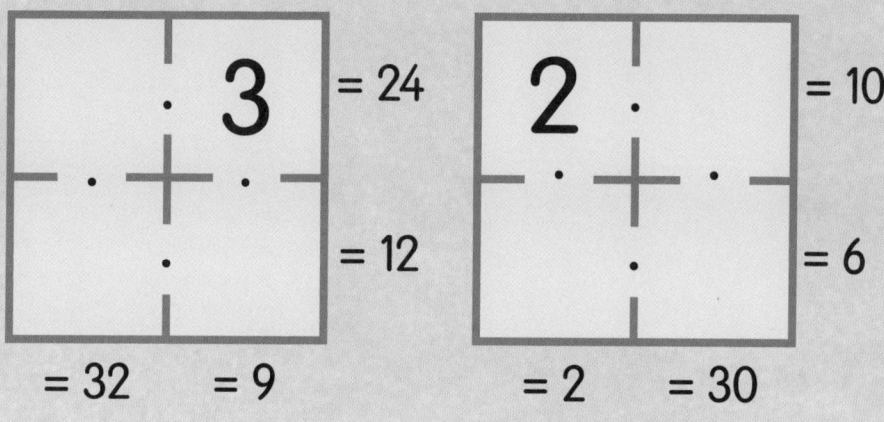

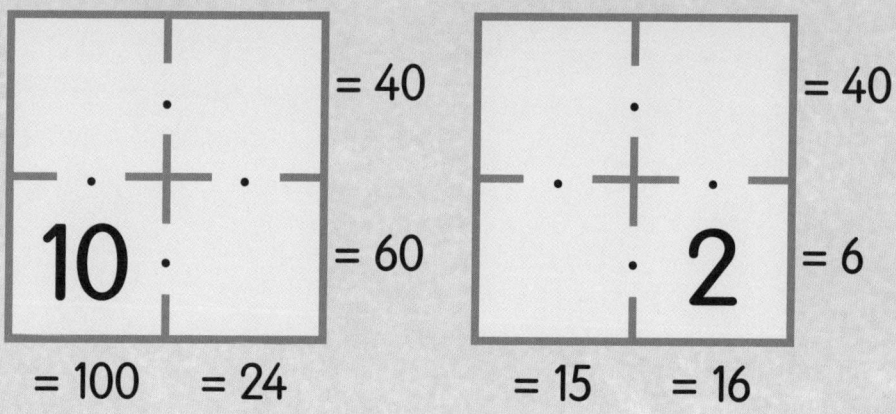

Zahlenpyramiden

Hilf Tara! In jede Frucht kommt das Ergebnis, das du erhältst, wenn du die zwei darunterliegenden Zahlen miteinander multiplizierst.

Hallo!

Textaufgaben

Schreibe die Lösungszahl zu diesen
Textaufgaben in die Kästchen.

Acht Pferde können eine Kutsche
ziehen. Wie viele Pferde braucht man
für zehn Kutschen?

An einem Auto sind vier Räder.
Wie viele Räder sind an sechs Autos?

Eine Spinne hat acht Beine.
Wie viele Beine haben sieben Spinnen?

Ein Fußballplatz hat vier Eckfahnen.
Wie viele Eckfahnen haben zehn Plätze?

Multiplikationstafel

Trage die fehlenden Zahlen in die Tafel ein.
Multipliziere dafür die Zahl in der ersten Spalte
mit der Zahl in der obersten Reihe.

·	0	5	2	10	6
4				40	
8	0				
1					6
3		15			
5					

Platz zum Rechnen

Platz zum Rechnen

Lösungen

Stiefelpaare 1

Addiere die Stiefel paarweise.
Schreibe die neue Summe unter jedes Paar.

2 → 4 → 6 → 8

16 ← 14 ← 12 ← 10

18 → 20 → 22 → 24

Zweier addieren 2

Kannst du Kroko helfen, die Zahlen zu addieren?
Schreibe die Summe in die Kreise.

$2 + 2 + 2 = 6$

$2 + 2 + 2 + 2 + 2 = 10$

Streiche jede Zahl durch, wenn du sie addiert hast.

$2 + 2 + 2 + 2 + 2 + 2 = 12$

$2 + 2 + 2 + 2 + 2 + 2 + 2 = 14$

$2 + 2 + 2 + 2 + 2 + 2 + 2 + 2 + 2 + 2 = 20$

$2 + 2 + 2 + 2 + 2 + 2 + 2 + 2 = 16$

Gleiche Gruppen 3

Hilf Alex, die Raupengruppen auf zwei Arten
zu beschreiben. Schreibe die richtigen Zahlen
in die Kästchen.

6 Gruppen von 2 Raupen = 12 Raupen

$6 \cdot 2$ = 12 Raupen

Würfelpunkte 4

Mache aus den Zweierwürfeln
Multiplikationsaufgaben der 2er-Reihe.

$3 \cdot 2 = 6$

$6 \cdot 2 = 12$

$10 \cdot 2 = 20$

$8 \cdot 2 = 16$

Lösungen finden 5

Kannst du Batu helfen, die Lösungen zu den
Rechnungen zu finden? Verbinde jede Rechnung
mit der richtigen Lösung.

$2 \cdot 6$ 18
12
14    $7 \cdot 2$
$2 \cdot 10$
$5 \cdot 2$ $3 \cdot 2$ 8
10
20    $2 \cdot 4$
$9 \cdot 2$ 6

Aufgaben zerlegen 6

Kannst du Uta helfen, die Lücken in den
Kästchen und Rechnungen auszufüllen?

2 2 2 2 2
10    $5 \cdot 2 = 10$

2 2 2 2 2 2 2 2 2
18    $9 \cdot 2 = 18$

2 2 2 2 2 2 2 2 2 2
20    $10 \cdot 2 = 20$

2 2 2
6    $3 \cdot 2 = 6$

2 2 2 2 2 2
12    $6 \cdot 2 = 12$

Richtig oder falsch? 7

Mache einen ✓ neben die Rechnungen,
die richtig sind, und ein X neben
die Rechnungen, die falsch sind.

$10 \cdot 2 = 20$ ✓

$2 \cdot 4 = 6$ X

$7 \cdot 2 = 9$ X

$6 \cdot 2 = 12$ ✓

$2 \cdot 8 = 18$ X

$5 \cdot 2 = 10$ ✓

Gleiche Gruppen 8

Hilf Lenni, die Ballongruppen auf zwei Arten
zu beschreiben. Schreibe die richtigen Zahlen
in die Kästchen.

2 Gruppen von 7 Ballons = 14 Ballons

$2 \cdot 7$ = 14 Ballons

Fehlende Zahlen 9

Schreibe die fehlenden Zahlen der
Multiplikationsaufgaben in die Kästchen.

$2 \cdot 5 = 10$

$8 \cdot 2 = 16$

$9 \cdot 2 = 18$

$2 \cdot 2 = 4$

$10 \cdot 2 = 20$

$2 \cdot 7 = 14$

Lösungen

Zahlenrad 10

Kannst du Alfi helfen? Um die Zahl im äußeren Ring zu erhalten, muss er die Zahl im inneren Ring mit 2 multiplizieren.

Rechnungen 11

Tilo möchte diese Rechnungen lösen. Kannst du ihm helfen? Schreibe die Lösungen in die Kreise.

$2 \cdot 9 = 18$ $2 \cdot 7 = 14$

$2 \cdot 2 = 4$ $1 \cdot 2 = 2$

$0 \cdot 2 = 0$ $2 \cdot 4 = 8$

$2 \cdot 1 = 2$ $2 \cdot 8 = 16$

$7 \cdot 2 = 14$ $5 \cdot 2 = 10$

$2 \cdot 6 = 12$ $2 \cdot 10 = 20$

$4 \cdot 2 = 8$ Hm, mal sehen ...

$3 \cdot 2 = 6$

Mango-Fünfer 12

Addiere die Mangos in Fünfergruppen. Schreibe die neue Summe unter jede Gruppe.

$5 \rightarrow 10 \rightarrow 15 \rightarrow 20$

$40 \leftarrow 35 \leftarrow 30 \leftarrow 25$

$45 \rightarrow 50 \rightarrow 55 \rightarrow 60$

Fünfer addieren 13

Kannst du Kroko helfen, die Zahlen zu addieren? Schreibe die Summe in die Kreise.

$5 + 5 + 5 + 5 = 20$

$5 + 5 + 5 + 5 + 5 = 30$

$5 + 5 + 5 + 5 + 5 + 5 + 5 = 40$

$5 + 5 + 5 = 15$

$5 + 5 = 10$

Das ist leicht!

$5 + 5 + 5 + 5 + 5 + 5 + 5 + 5 + 5 = 45$

Gleiche Gruppen 14

Hilf Alex, die Gläsergruppen auf zwei Arten zu beschreiben. Schreibe die richtigen Zahlen in die Kästchen.

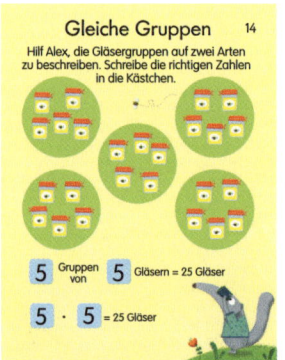

5 Gruppen von 5 Gläsern = 25 Gläser

$5 \cdot 5 = 25$ Gläser

Würfelpunkte 15

Mache aus den Fünferwürfeln Multiplikationsaufgaben der 5er-Reihe.

$4 \cdot 5 = 20$

$8 \cdot 5 = 40$

$7 \cdot 5 = 35$

$6 \cdot 5 = 30$

Lösungen finden 16

Kannst du Batu helfen, die Lösungen zu den Rechnungen zu finden? Verbinde jede Rechnung mit der richtigen Lösung.

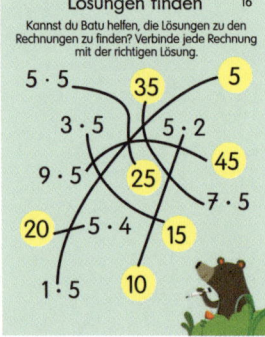

$5 \cdot 5$ — 5

— 35

$3 \cdot 5$ $5 \cdot 2$

$9 \cdot 5$ 45

20   25

$5 \cdot 4$ $7 \cdot 5$

15

$1 \cdot 5$ 10

Aufgaben zerlegen 17

Kannst du Uta und Mia helfen, die Lücken in den Kästchen und Rechnungen auszufüllen?

$\dfrac{5\ 5\ 5\ 5}{20}$ $4 \cdot 5 = 20$

$\dfrac{5\ 5}{10}$ $2 \cdot 5 = 10$ $\cdot 5$

$\dfrac{5\ 5\ 5\ 5\ 5\ 5\ 5\ 5}{40}$ $8 \cdot 5 = 40$

$\dfrac{5\ 5\ 5\ 5\ 5\ 5\ 5\ 5\ 5\ 5}{50}$ $10 \cdot 5 = 50$

$\dfrac{5\ 5\ 5\ 5\ 5}{25}$ $5 \cdot 5 = 25$ Hilf uns!

Richtig oder falsch? 18

Mache einen ✓ neben die Rechnungen, die richtig sind, und ein X neben die Rechnungen, die falsch sind.

$3 \cdot 5 = 12$ X

$5 \cdot 6 = 30$ ✓

$5 \cdot 1 = 1$ X

$5 \cdot 5 = 25$ ✓

$9 \cdot 5 = 50$ X

$7 \cdot 5 = 35$ ✓

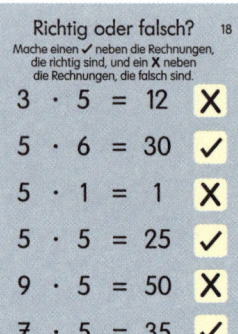

Lösungen

Gleiche Gruppen 19

Hilf Lenni, die Schneckengruppen auf zwei Arten zu beschreiben. Schreibe die richtigen Zahlen in die Kästchen.

5 Gruppen von 4 Schnecken = 20 Schnecken

5 · 4 = 20 Schnecken

Fehlende Zahlen 20

Schreibe die fehlenden Zahlen der Multiplikationsaufgaben in die Kästchen.

5 · 3 = 15

5 · 6 = 30

4 · 5 = 20

1 · 5 = 5

5 · 8 = 40

10 · 5 = 50

Zahlenrad 21

Kannst du Lenni helfen? Um die Zahl im äußeren Ring zu erhalten, muss er die Zahl im inneren Ring mit 5 multiplizieren.

Rechnungen 22

Tilo möchte diese Rechnungen lösen. Kannst du ihm helfen? Schreibe die Lösungen in die Kreise.

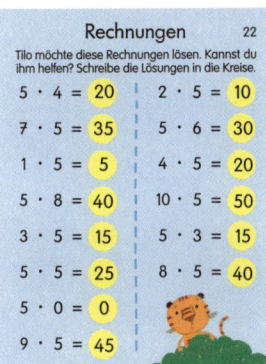

5 · 4 = 20   2 · 5 = 10

7 · 5 = 35   5 · 6 = 30

1 · 5 = 5   4 · 5 = 20

5 · 8 = 40   10 · 5 = 50

3 · 5 = 15   5 · 3 = 15

5 · 5 = 25   8 · 5 = 40

5 · 0 = 0

9 · 5 = 45

Bananen-Zehner 23

Hilf Alfi, die Bananen in Zehnergruppen zu addieren. Schreibe die neue Summe unter jede Gruppe.

10 → 20 → 30 → 40

80 ← 70 ← 60 ← 50

90   100

Zehner addieren 24

Kannst du Kroko helfen, die Zahlen zu addieren? Schreibe die Summe in die Kreise.

10 + 10 + 10 + 10 + 10 + 10 = 60

10 + 10 + 10 = 30

10 + 10 + 10 + 10 + 10 + 10 + 10 = 70

10 + 10 + 10 + 10 + 10 = 50

10 + 10 = 20

10 + 10 + 10 + 10 = 40

Gleiche Gruppen 25

Hilf Alex, die Dosengruppen auf zwei Arten zu beschreiben. Schreibe die richtigen Zahlen in die Kästchen.

2 Gruppen von 10 Dosen = 20 Dosen

2 · 10 = 20 Dosen

Dominopunkte 26

Mache aus den Dominosteinen Multiplikationsaufgaben der 10er-Reihe.

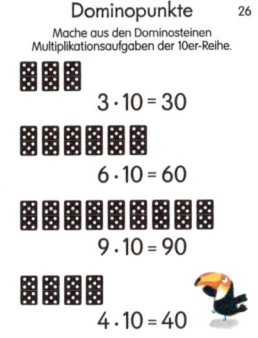

3 · 10 = 30

6 · 10 = 60

9 · 10 = 90

4 · 10 = 40

Lösungen finden 27

Kannst du Batu helfen, die Lösungen zu den Rechnungen zu finden? Verbinde jede Rechnung mit der richtigen Lösung.

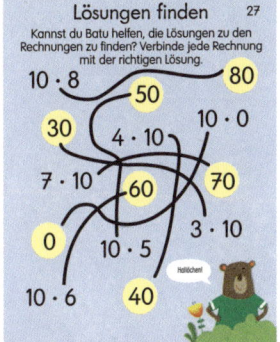

10 · 8   50   80

30   4 · 10   10 · 0

7 · 10   60   70

0   10 · 5   3 · 10

10 · 6   40

Lösungen

Aufgaben zerlegen 28

Kannst du Uta helfen, die Lücken in den Kästchen und Rechnungen auszufüllen?

| 10 10 10 10 10 |
| 50 |

$5 \cdot 10 = 50$

| 10 10 10 10 10 10 10 |
| 70 |

$7 \cdot 10 = 70$

| 10 10 10 10 |
| 40 |

$4 \cdot 10 = 40$

| 10 10 |
| 20 |

$2 \cdot 10 = 20$

| 10 10 10 10 10 10 10 10 10 |
| 90 |

$9 \cdot 10 = 90$

Richtig oder falsch? 29

Mache einen ✓ neben die Rechnungen, die richtig sind, und ein **X** neben die Rechnungen, die falsch sind.

$10 \cdot 4 = 40$ ✓

$7 \cdot 10 = 70$ ✓

$1 \cdot 10 = 1$ **X**

$10 \cdot 5 = 15$ **X**

$10 \cdot 9 = 90$ ✓

$3 \cdot 10 = 33$ **X**

Gleiche Gruppen 30

Hilf Lenni, die Käfergruppen auf zwei Arten zu beschreiben. Schreibe die richtigen Zahlen in die Kästchen.

10 Gruppen von **3** Käfern = 30 Käfer

10 · **3** = 30 Käfer

Fehlende Zahlen 31

Schreibe die fehlenden Zahlen der Multiplikationsaufgaben in die Kästchen.

$10 \cdot 4 = 40$

$5 \cdot 10 = 50$

$10 \cdot 6 = 60$

$10 \cdot 2 = 20$

$3 \cdot 10 = 30$

$10 \cdot 10 = 100$

Zahlenrad 32

Kannst du Alex helfen? Um die Zahl im äußeren Ring zu erhalten, muss du die Zahl im inneren Ring mit 10 multiplizieren.

100 · 60
70 · 10 · 6 · 50
7 · · 5
·10 · 9 · 90
80 · 8 · 4 · 0
· 3 · · 40
30

·10

Acht mal zehn ist achtzig.

Rechnungen 33

Tilo möchte diese Rechnungen lösen. Kannst du ihm helfen? Schreibe die Lösungen in die Kreise.

$10 \cdot 8 = 80$ $4 \cdot 10 = 40$

$3 \cdot 10 = 30$ $10 \cdot 10 = 100$

$10 \cdot 5 = 50$ $9 \cdot 10 = 90$

$1 \cdot 10 = 10$ $10 \cdot 2 = 20$

$7 \cdot 10 = 70$ $8 \cdot 10 = 80$

$10 \cdot 0 = 0$ $5 \cdot 10 = 50$

$10 \cdot 6 = 60$ Los geht's!

$2 \cdot 10 = 20$

Ananas-Dreier 34

Addiere die Ananas in Dreiergruppen. Schreibe die neue Summe unter jede Gruppe.

3 → 6 → 9 → 12

24 ← 21 ← 18 ← 15

27 → 30 → 33 → 36

Dreier addieren 35

Kannst du Kroko helfen, die Zahlen zu addieren? Schreibe die Summe in die Kreise.

$3+3+3+3 = 12$

$3+3+3 = 9$

$3+3+3+3+3 = 18$

$3+3 = 6$

$3+3+3+3+3+3+3+3 = 24$

$3+3+3+3+3+3+3+3+3+3 = 30$

Gleiche Gruppen 36

Hilf Alex, die Papageiengruppen auf zwei Arten zu beschreiben. Schreibe die richtigen Zahlen in die Kästchen.

7 Gruppen von **3** Papageien = 21 Papageien

7 · **3** = 21 Papageien

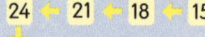

Lösungen

Würfelpunkte 37

Mache aus den Dreierwürfeln
Multiplikationsaufgaben der 3er-Reihe.

$6 \cdot 3 = 18$

$3 \cdot 3 = 9$

$8 \cdot 3 = 24$

$4 \cdot 3 = 12$

Lösungen finden 38

Kannst du Batu helfen, die Lösungen zu den
Rechnungen zu finden? Verbinde jede Rechnung
mit der richtigen Lösung.

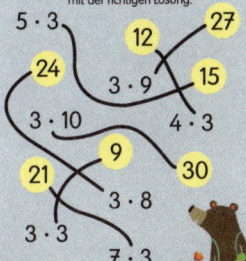

$5 \cdot 3$ 12   27

24   $3 \cdot 9$ 15

$3 \cdot 10$ $4 \cdot 3$

21   9   30

$3 \cdot 8$

$3 \cdot 3$

$7 \cdot 3$

Aufgaben zerlegen 39

Kannst du Uta helfen, die Lücken in den
Kästchen und Rechnungen auszufüllen?

3 3 3 3
12   $4 \cdot 3 = 12$

3 3 3 3 3 3 3 3 3
27   $9 \cdot 3 = 27$

3 3
6   $2 \cdot 3 = 6$

3 3 3 3 3 3
18   $6 \cdot 3 = 18$

3 3 3 3 3 3 3 3
24   $8 \cdot 3 = 24$

Richtig oder falsch? 40

Mache einen ✓ neben die Rechnungen,
die richtig sind, und ein **X** neben
die Rechnungen, die falsch sind.

$3 \cdot 6 = 18$ ✓

$3 \cdot 2 = 5$ ✗

$10 \cdot 3 = 30$ ✓

$3 \cdot 9 = 26$ ✗

$5 \cdot 3 = 15$ ✓

$3 \cdot 0 = 3$ ✗

Gleiche Gruppen 41

Hilf Lenni, die Faltergruppen auf zwei Arten
zu beschreiben. Schreibe die richtigen Zahlen
in die Kästchen.

3 Gruppen von 9 Faltern = 27 Falter

$3 \cdot 9$ = 27 Falter

Fehlende Zahlen 42

Schreibe die fehlenden Zahlen der
Multiplikationsaufgaben in die Kästchen.

$10 \cdot 3 = 30$

$5 \cdot 3 = 15$

$3 \cdot 7 = 21$

$3 \cdot 9 = 27$

$3 \cdot 3 = 9$

$4 \cdot 3 = 12$

Zahlenrad 43

Kannst du Lea helfen? Um die Zahl im
äußeren Ring zu erhalten, muss sie die Zahl
im inneren Ring mit 3 multiplizieren.

18   9
27   6   3   3
0   9   3   1   3
0   0   ·3   8   24
4
12   5   2   7   21
15   6

Vier mal drei
ist zwölf

·3

Rechnungen 44

Tilo möchte diese Rechnungen lösen. Kannst du
ihm helfen? Schreibe die Lösungen in die Kreise.

$3 \cdot 7 = 21$ $2 \cdot 3 = 6$

$0 \cdot 3 = 0$ $3 \cdot 9 = 27$

$6 \cdot 3 = 18$ $3 \cdot 8 = 24$

$3 \cdot 4 = 12$ $1 \cdot 3 = 3$

$3 \cdot 3 = 9$ $7 \cdot 3 = 21$

$10 \cdot 3 = 30$ $3 \cdot 0 = 0$

$3 \cdot 1 = 3$

$5 \cdot 3 = 15$

Lolli-Sechser 45

Addiere die Lollis in Sechsergruppen.
Schreibe die neue Summe unter jede Gruppe.

6 → 12 → 18 → 24

48 ← 42 ← 36 ← 30

54 → 60 → 66 → 72

Lösungen

Sechser addieren   46

Kannst du Kroko helfen, die Zahlen zu addieren?
Schreibe die Summe in die Kreise.

$6+6+6+6+6+6+6+6 = 48$

$6+6+6+6+6+6+6 = 42$

$6+6+6+6+6+6+6+6+6+6 = 60$

$6+6+6+6+6 = 30$

$6+6+6 = 18$

$6+6+6+6+6+6 = 36$

Lass uns die Aufgabe gemeinsam lösen!

Gleiche Gruppen   47

Hilf Alex, die Schirmgruppen auf zwei Arten
zu beschreiben. Schreibe die richtigen Zahlen
in die Kästchen.

4 Gruppen von 6 Schirmen = 24 Schirme

$4 \cdot 6$ = 24 Schirme

Würfelpunkte   48

Mache aus den Sechserwürfeln
Multiplikationsaufgaben der 6er-Reihe.

$3 \cdot 6 = 18$

$6 \cdot 6 = 36$

$2 \cdot 6 = 12$

$10 \cdot 6 = 60$

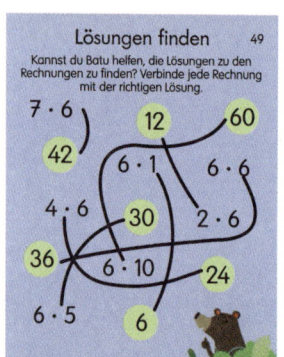

Lösungen finden   49

Kannst du Batu helfen, die Lösungen zu den
Rechnungen zu finden? Verbinde jede Rechnung
mit der richtigen Lösung.

$7 \cdot 6$ 12   60

42    $6 \cdot 1$ $6 \cdot 6$

$4 \cdot 6$ 30 $2 \cdot 6$

36    $6 \cdot 10$ 24

$6 \cdot 5$ 6

Aufgaben zerlegen   50

Kannst du Uta helfen, die Lücken in den
Kästchen und Rechnungen auszufüllen?

$\frac{666666}{36}$ $6 \cdot 6 = 36$

$\frac{66}{12}$ $2 \cdot 6 = 12$

$\frac{6666666}{42}$ $7 \cdot 6 = 42$

$\frac{6666}{24}$ $4 \cdot 6 = 24$

$\frac{6666666666}{60}$ $10 \cdot 6 = 60$

Richtig oder falsch?   51

Mache einen ✓ neben die Rechnungen,
die richtig sind, und ein ✗ neben
die Rechnungen, die falsch sind.

$6 \cdot 4 = 26$ ✗

$2 \cdot 6 = 14$ ✗

$8 \cdot 6 = 46$ ✗

$6 \cdot 5 = 30$ ✓

$6 \cdot 9 = 54$ ✓

$3 \cdot 6 = 16$ ✗

Gleiche Gruppen   52

Hilf Lenni, die Edelsteingruppen auf zwei Arten
zu beschreiben. Schreibe die richtigen Zahlen
in die Kästchen.

6 Gruppen von 6 Edelsteinen = 36 Edelsteine

$6 \cdot 6$ = 36 Edelsteine

Fehlende Zahlen   53

Schreibe die fehlenden Zahlen
der Multiplikationsaufgaben
in die Kästchen.

$5 \cdot 6 = 30$

$7 \cdot 6 = 42$

$6 \cdot 9 = 54$

$0 \cdot 6 = 0$

$6 \cdot 4 = 24$

$6 \cdot 3 = 18$

Zahlenrad   54

Kannst du Uta helfen? Um die Zahl im
äußeren Ring zu erhalten, muss sie die Zahl
im inneren Ring mit 6 multiplizieren.

30   12

18   5   2   24

3   4

36    $\cdot 6$ 7   42

1   8

54   48

6   0

Ein mal sechs ist sechs.

$\cdot 6$

Lösungen

Rechnungen 55

Tilo möchte diese Rechnungen lösen. Kannst du ihm helfen? Schreibe die Lösungen in die Kreise.

10 · 6 = 60	0 · 6 = 0
6 · 3 = 18	6 · 6 = 36
6 · 2 = 12	6 · 5 = 30
7 · 6 = 42	9 · 6 = 54
1 · 6 = 6	6 · 8 = 48
6 · 9 = 54	6 · 1 = 6
6 · 4 = 24	
8 · 6 = 48	

Bücher-Vierer 56

Addiere die Bücher in Vierergruppen. Schreibe die neue Summe unter jede Gruppe.

4 → 8 → 12 → 16

32 ← 28 ← 24 ← 20

36 → 40 → 44 → 48

Vierer addieren 57

Kannst du Kroko helfen, die Zahlen zu addieren? Schreibe die Summe in die Kreise.

4 + 4 = 8

4 + 4 + 4 + 4 = 16

4 + 4 + 4 + 4 + 4 + 4 + 4 + 4 + 4 = 36

4 + 4 + 4 + 4 + 4 = 20

Addiere die Zahlen sorgfältig!

4 + 4 + 4 = 12

4 + 4 + 4 + 4 + 4 + 4 = 24

Gleiche Gruppen 58

Hilf Alex, die Schlangengruppen auf zwei Arten zu beschreiben. Schreibe die richtigen Zahlen in die Kästchen.

5 Gruppen von 4 Schlangen = 20 Schlangen

5 · 4 = 20 Schlangen

Würfelpunkte 59

Mache aus den Viererwürfeln Multiplikationsaufgaben der 4er-Reihe.

8 · 4 = 32

5 · 4 = 20

7 · 4 = 28

9 · 4 = 36

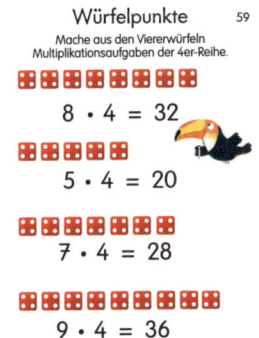

Lösungen finden 60

Kannst du Batu helfen, die Lösungen zu den Rechnungen zu finden? Verbinde jede Rechnung mit der richtigen Lösung.

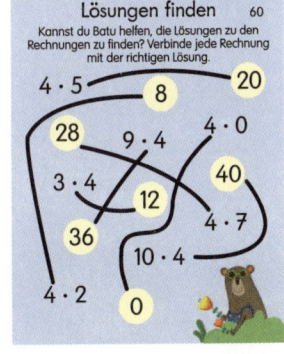

4 · 5   8   20

28   9 · 4   4 · 0

3 · 4   12   40

36   4 · 7

10 · 4

4 · 2   0

Aufgaben zerlegen 61

Kannst du Uta helfen, die Lücken in den Kästchen und Rechnungen auszufüllen?

4 4 4 / 12	3 · 4 = 12
4 4 4 4 4 4 4 4 / 32	8 · 4 = 32
4 4 4 4 4 4 4 / 28	7 · 4 = 28
4 4 4 4 / 16	4 · 4 = 16
4 4 4 4 4 4 4 4 4 / 36	9 · 4 = 36

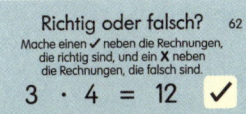

Richtig oder falsch? 62

Mache einen ✓ neben die Rechnungen, die richtig sind, und ein X neben die Rechnungen, die falsch sind.

3 · 4 = 12	✓
5 · 4 = 20	✓
4 · 8 = 32	✓
4 · 2 = 8	✓
0 · 4 = 0	✓
4 · 4 = 18	X

Gleiche Gruppen 63

Hilf Lenni, die Fußballgruppen auf zwei Arten zu beschreiben. Schreibe die richtigen Zahlen in die Kästchen.

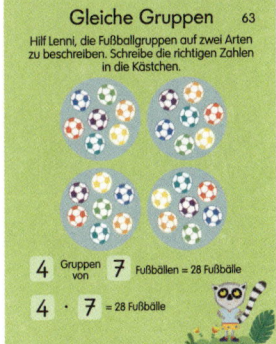

4 Gruppen von 7 Fußbällen = 28 Fußbälle

4 · 7 = 28 Fußbälle

Lösungen

Fehlende Zahlen 64

Schreibe die fehlenden Zahlen der Multiplikationsaufgaben in die Kästchen.

$4 \cdot 1 = 4$

$7 \cdot 4 = 28$

$4 \cdot 5 = 20$

$10 \cdot 4 = 40$

$4 \cdot 4 = 16$

$4 \cdot 2 = 8$

Zahlenrad 65

Kannst du Batu helfen? Um die Zahl im äußeren Ring zu erhalten, muss er die Zahl im inneren Ring mit 4 multiplizieren.

$\cdot 4$

Fünf mal vier
ist zwanzig

$\cdot 4$

Rechnungen 66

Tilo möchte diese Rechnungen lösen. Kannst du ihm helfen? Schreibe die Lösungen in die Kreise.

$4 \cdot 8 = 32$ | $6 \cdot 4 = 24$

$2 \cdot 4 = 8$ | $0 \cdot 4 = 0$

$5 \cdot 4 = 20$ | $9 \cdot 4 = 36$

$4 \cdot 7 = 28$ | $8 \cdot 4 = 32$

$4 \cdot 1 = 4$ | $4 \cdot 6 = 24$

$10 \cdot 4 = 40$ | $4 \cdot 2 = 8$

$4 \cdot 9 = 36$

$4 \cdot 4 = 16$

Flaschen-Achter 67

Addiere die Flaschen in Achtergruppen. Schreibe die neue Summe unter jede Gruppe.

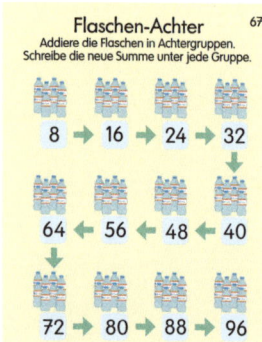

$8 \rightarrow 16 \rightarrow 24 \rightarrow 32$

$64 \leftarrow 56 \leftarrow 48 \leftarrow 40$

$72 \rightarrow 80 \rightarrow 88 \rightarrow 96$

Achter addieren 68

Kannst du Kroko helfen, die Zahlen zu addieren? Schreibe die Summe in die Kreise.

$8+8+8+8+8+8+8= 56$

$8+8= 16$

$8+8+8+8+8+8+8+8+8+8= 80$

$8+8+8+8+8+8= 48$

$8+8+8+8= 32$

$8+8+8+8+8= 40$

Gleiche Gruppen 69

Hilf Alex, die Sandwichgruppen auf zwei Arten zu beschreiben. Schreibe die richtigen Zahlen in die Kästchen.

3 Gruppen von 8 Sandwiches = 24 Sandwiches

$3 \cdot 8 = 24$ Sandwiches

Dominopunkte 70

Mache aus den Dominosteinen Multiplikationsaufgaben der 8er-Reihe.

$2 \cdot 8 = 16$

$5 \cdot 8 = 40$

$7 \cdot 8 = 56$

$9 \cdot 8 = 72$

Lösungen finden 71

Kannst du Batu helfen, die Lösungen zu den Rechnungen zu finden? Verbinde jede Rechnung mit der richtigen Lösung.

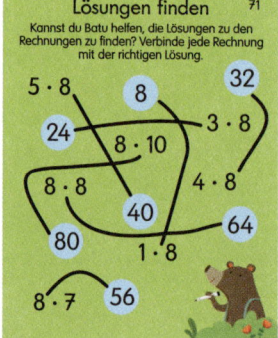

$5 \cdot 8$ 8 32

24 $3 \cdot 8$

$8 \cdot 10$

$8 \cdot 8$ $4 \cdot 8$

40 64

80 $1 \cdot 8$

$8 \cdot 7$ 56

Aufgaben zerlegen 72

Kannst du Uta helfen, die Lücken in den Kästchen und Rechnungen auszufüllen?

$\dfrac{8\,8\,8\,8\,8}{40}$ $5 \cdot 8 = 40$

$\dfrac{8\,8\,8\,8\,8\,8\,8\,8\,8}{72}$ $9 \cdot 8 = 72$

$\dfrac{8\,8\,8\,8\,8\,8\,8}{56}$ $7 \cdot 8 = 56$

$\dfrac{8\,8}{16}$ $2 \cdot 8 = 16$

$\dfrac{8\,8\,8\,8}{32}$ $4 \cdot 8 = 32$

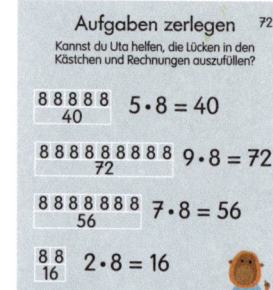

Lösungen

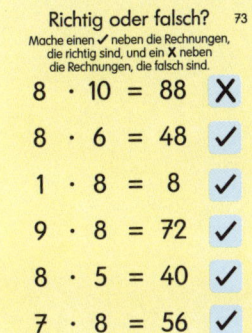

Richtig oder falsch? 73

Mache einen ✔ neben die Rechnungen, die richtig sind, und ein **X** neben die Rechnungen, die falsch sind.

8 · 10	=	88	**X**
8 · 6	=	48	✔
1 · 8	=	8	✔
9 · 8	=	72	✔
8 · 5	=	40	✔
7 · 8	=	56	✔

Gleiche Gruppen 74

Hilf Lenni, die Blumengruppen auf zwei Arten zu beschreiben. Schreibe die richtigen Zahlen in die Kästchen.

8 Gruppen von 2 Blumen = 16 Blumen

8 · 2 = 16 Blumen

Fehlende Zahlen 75

Schreibe die fehlenden Zahlen der Multiplikationsaufgaben in die Kästchen.

$$8 · 3 = 24$$
$$9 · 8 = 72$$
$$4 · 8 = 32$$
$$10 · 8 = 80$$
$$8 · 8 = 64$$
$$0 · 8 = 0$$

Zahlenrad 76

Kannst du Kroko helfen? Um die Zahl im äußeren Ring zu erhalten, muss er die Zahl im inneren Ring mit 8 multiplizieren.

· 8

64 · 8 = 512 ... (inner ring: 8, 1, 6, 9, 7, 4, 3, 5)

· 8
Drei mal acht ist vierundzwanzig.

Rechnungen 77

Batu möchte diese Rechnungen lösen. Kannst du ihm helfen? Schreibe die Lösungen in die Kreise.

3 · 8 = 24		8 · 4 = 32
8 · 10 = 80		6 · 8 = 48
7 · 8 = 56		9 · 8 = 72
8 · 5 = 40		8 · 3 = 24
8 · 8 = 64		8 · 7 = 56
0 · 8 = 0		10 · 8 = 80
2 · 8 = 16		
8 · 1 = 8		

Punktefelder 78

Ergänze die fehlende Zahl in den Rechnungen. Das Punktefeld hilft dir.

$$5 · 2 = 10$$
$$2 · 6 = 12$$
$$4 · 2 = 8$$
$$2 · 2 = 4$$
$$2 · 3 = 6$$

Umkehraufgaben 79

Finde die beiden Tauschaufgaben zu den Punktefeldern.

$$2 · 4 = 8$$
$$4 · 2 = 8$$

$$7 · 2 = 14$$
$$2 · 7 = 14$$

$$3 · 2 = 6$$
$$2 · 3 = 6$$

$$2 · 1 = 2$$
$$1 · 2 = 2$$

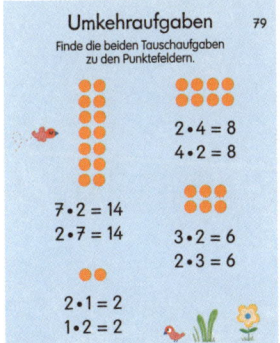

Rechnungen verbinden 80

Verbinde die Rechnungen, die die gleiche Lösung haben.

2 · 8	2 · 4
2 · 0	7 · 2
5 · 2	0 · 2
4 · 2	8 · 2
2 · 7	2 · 5

Punktefelder 81

Ergänze die fehlende Zahl in den Rechnungen. Das Punktefeld hilft dir.

$$3 · 5 = 15$$
$$5 · 4 = 20$$
$$5 · 5 = 25$$
$$2 · 5 = 10$$
$$5 · 1 = 5$$

Lösungen

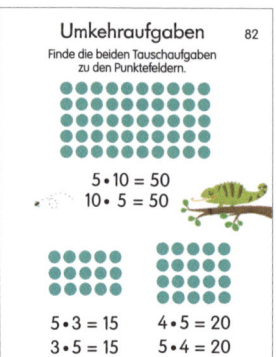

Umkehraufgaben 82

Finde die beiden Tauschaufgaben zu den Punktefeldern.

$5 \cdot 10 = 50$
$10 \cdot 5 = 50$

$5 \cdot 3 = 15$ $\quad$ $4 \cdot 5 = 20$
$3 \cdot 5 = 15$ $\quad$ $5 \cdot 4 = 20$

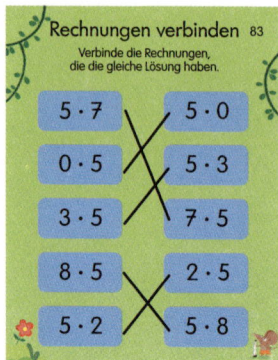

Rechnungen verbinden 83

Verbinde die Rechnungen, die die gleiche Lösung haben.

$5 \cdot 7$ $\quad$ $5 \cdot 0$
$0 \cdot 5$ $\quad$ $5 \cdot 3$
$3 \cdot 5$ $\quad$ $7 \cdot 5$
$8 \cdot 5$ $\quad$ $2 \cdot 5$
$5 \cdot 2$ $\quad$ $5 \cdot 8$

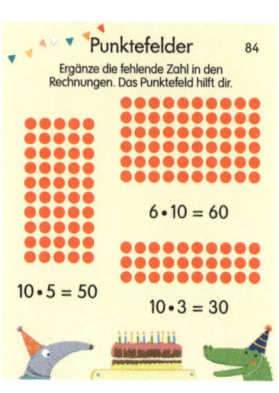

Punktefelder 84

Ergänze die fehlende Zahl in den Rechnungen. Das Punktefeld hilft dir.

$6 \cdot 10 = 60$

$10 \cdot 5 = 50$
$10 \cdot 3 = 30$

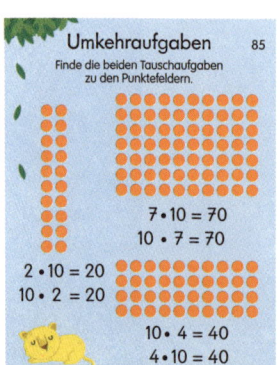

Umkehraufgaben 85

Finde die beiden Tauschaufgaben zu den Punktefeldern.

$7 \cdot 10 = 70$
$10 \cdot 7 = 70$

$2 \cdot 10 = 20$
$10 \cdot 2 = 20$

$10 \cdot 4 = 40$
$4 \cdot 10 = 40$

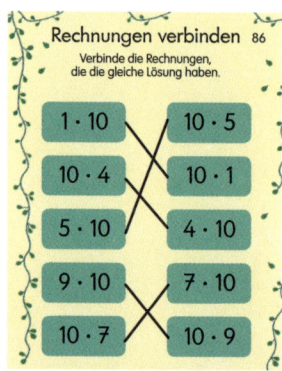

Rechnungen verbinden 86

Verbinde die Rechnungen, die die gleiche Lösung haben.

$1 \cdot 10$ $\quad$ $10 \cdot 5$
$10 \cdot 4$ $\quad$ $10 \cdot 1$
$5 \cdot 10$ $\quad$ $4 \cdot 10$
$9 \cdot 10$ $\quad$ $7 \cdot 10$
$10 \cdot 7$ $\quad$ $10 \cdot 9$

Punktefelder 87

Ergänze die fehlende Zahl in den Rechnungen. Das Punktefeld hilft dir.

$3 \cdot 4 = 12$ $\quad$ $3 \cdot 3 = 9$

$2 \cdot 3 = 6$

$1 \cdot 3 = 3$ $\quad$ $7 \cdot 3 = 21$

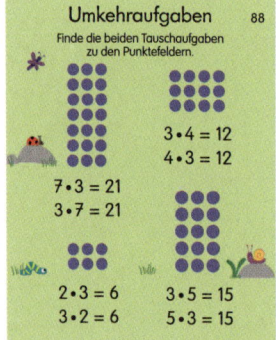

Umkehraufgaben 88

Finde die beiden Tauschaufgaben zu den Punktefeldern.

$3 \cdot 4 = 12$
$4 \cdot 3 = 12$

$7 \cdot 3 = 21$
$3 \cdot 7 = 21$

$2 \cdot 3 = 6$ $\quad$ $3 \cdot 5 = 15$
$3 \cdot 2 = 6$ $\quad$ $5 \cdot 3 = 15$

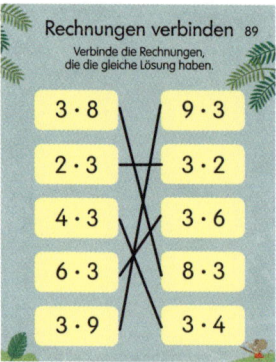

Rechnungen verbinden 89

Verbinde die Rechnungen, die die gleiche Lösung haben.

$3 \cdot 8$ $\quad$ $9 \cdot 3$
$2 \cdot 3$ $\quad$ $3 \cdot 2$
$4 \cdot 3$ $\quad$ $3 \cdot 6$
$6 \cdot 3$ $\quad$ $8 \cdot 3$
$3 \cdot 9$ $\quad$ $3 \cdot 4$

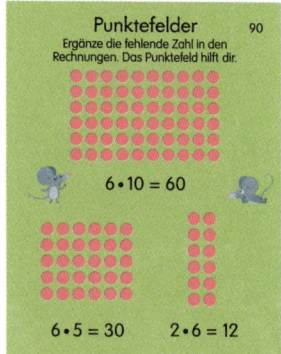

Punktefelder 90

Ergänze die fehlende Zahl in den Rechnungen. Das Punktefeld hilft dir.

$6 \cdot 10 = 60$

$6 \cdot 5 = 30$ $\quad$ $2 \cdot 6 = 12$

Lösungen

Umkehraufgaben 91
Finde die beiden Tauschaufgaben
zu den Punktefeldern.

$6 \cdot 8 = 48$
$8 \cdot 6 = 48$

$6 \cdot 2 = 12$ $6 \cdot 3 = 18$
$2 \cdot 6 = 12$ $3 \cdot 6 = 18$

Rechnungen verbinden 92
Verbinde die Rechnungen,
die die gleiche Lösung haben.

$2 \cdot 6$ $6 \cdot 4$
$4 \cdot 6$ $6 \cdot 5$
$5 \cdot 6$ $7 \cdot 6$
$6 \cdot 7$ $0 \cdot 6$
$6 \cdot 0$ $6 \cdot 2$

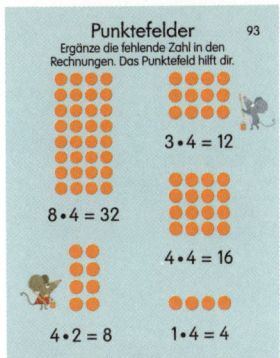

Punktefelder 93
Ergänze die fehlende Zahl in den
Rechnungen. Das Punktefeld hilft dir.

$3 \cdot 4 = 12$

$8 \cdot 4 = 32$

$4 \cdot 4 = 16$

$4 \cdot 2 = 8$ $1 \cdot 4 = 4$

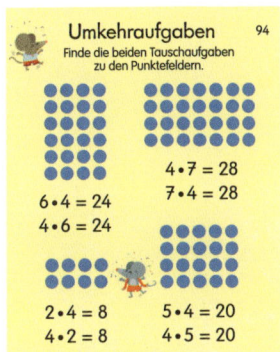

Umkehraufgaben 94
Finde die beiden Tauschaufgaben
zu den Punktefeldern.

$4 \cdot 7 = 28$
$7 \cdot 4 = 28$

$6 \cdot 4 = 24$
$4 \cdot 6 = 24$

$2 \cdot 4 = 8$ $5 \cdot 4 = 20$
$4 \cdot 2 = 8$ $4 \cdot 5 = 20$

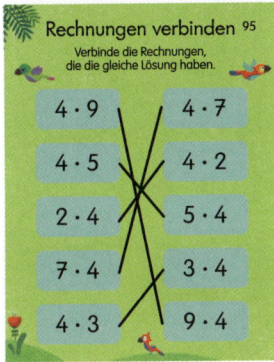

Rechnungen verbinden 95
Verbinde die Rechnungen,
die die gleiche Lösung haben.

$4 \cdot 9$ $4 \cdot 7$
$4 \cdot 5$ $4 \cdot 2$
$2 \cdot 4$ $5 \cdot 4$
$7 \cdot 4$ $3 \cdot 4$
$4 \cdot 3$ $9 \cdot 4$

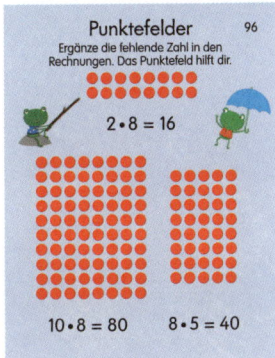

Punktefelder 96
Ergänze die fehlende Zahl in den
Rechnungen. Das Punktefeld hilft dir.

$2 \cdot 8 = 16$

$10 \cdot 8 = 80$ $8 \cdot 5 = 40$

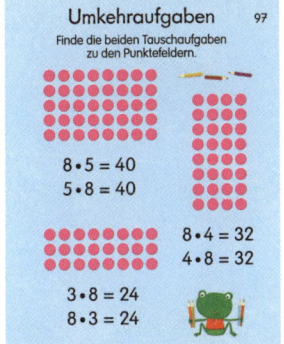

Umkehraufgaben 97
Finde die beiden Tauschaufgaben
zu den Punktefeldern.

$8 \cdot 5 = 40$
$5 \cdot 8 = 40$

$8 \cdot 4 = 32$
$4 \cdot 8 = 32$

$3 \cdot 8 = 24$
$8 \cdot 3 = 24$

Rechnungen verbinden 98
Verbinde die Rechnungen,
die die gleiche Lösung haben.

$4 \cdot 8$ $5 \cdot 8$
$9 \cdot 8$ $8 \cdot 1$
$1 \cdot 8$ $8 \cdot 4$
$8 \cdot 6$ $8 \cdot 9$
$8 \cdot 5$ $6 \cdot 8$

Punktefelder 99
Ergänze die fehlende Zahl in den
Rechnungen. Das Punktefeld hilft dir.

$1 \cdot 5 = 5$

$3 \cdot 4 = 12$ $2 \cdot 2 = 4$

$8 \cdot 5 = 40$

Lösungen

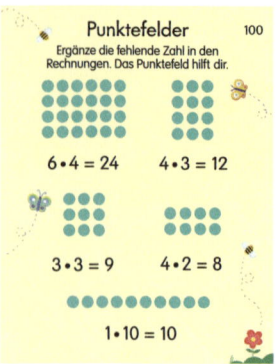

Punktefelder 100

Ergänze die fehlende Zahl in den Rechnungen. Das Punktefeld hilft dir.

6 • 4 = 24   4 • 3 = 12

3 • 3 = 9   4 • 2 = 8

1 • 10 = 10

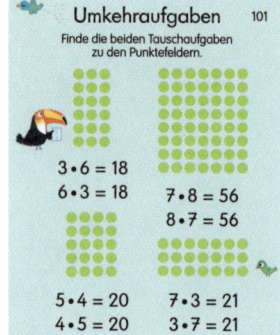

Umkehraufgaben 101

Finde die beiden Tauschaufgaben zu den Punktefeldern.

3 • 6 = 18
6 • 3 = 18   7 • 8 = 56
               8 • 7 = 56

5 • 4 = 20   7 • 3 = 21
4 • 5 = 20   3 • 7 = 21

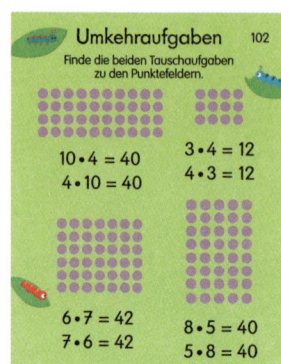

Umkehraufgaben 102

Finde die beiden Tauschaufgaben zu den Punktefeldern.

10 • 4 = 40   3 • 4 = 12
4 • 10 = 40   4 • 3 = 12

6 • 7 = 42   8 • 5 = 40
7 • 6 = 42   5 • 8 = 40

Das Ergebnis ist 12 103

Hilf Lea, alle Rechnungen mit dem Ergebnis 12 zu finden. Kreise sie ein.

2 • 6   5 • 3

4 • 7

1 • 2   3 • 4

2 • 5

6 • 2   2 • 7

3 • 5

Das Ergebnis ist 16 104

Hilf Alfi, alle Rechnungen mit dem Ergebnis 16 zu finden. Kreise sie ein.

5 • 3

3 • 8   1 • 6

4 • 4

6 • 5   3 • 4

3 • 4   2 • 8

8 • 2

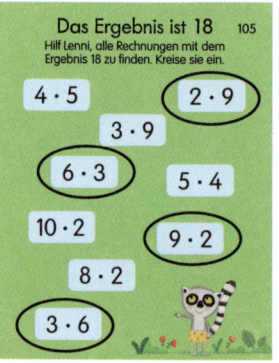

Das Ergebnis ist 18 105

Hilf Lenni, alle Rechnungen mit dem Ergebnis 18 zu finden. Kreise sie ein.

4 • 5   2 • 9

3 • 9

6 • 3   5 • 4

10 • 2   9 • 2

8 • 2

3 • 6

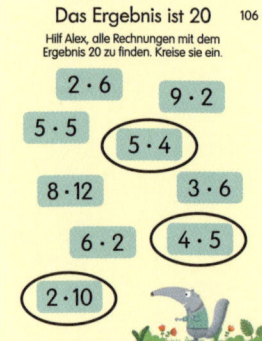

Das Ergebnis ist 20 106

Hilf Alex, alle Rechnungen mit dem Ergebnis 20 zu finden. Kreise sie ein.

2 • 6   9 • 2

5 • 5   5 • 4

8 • 12   3 • 6

6 • 2   4 • 5

2 • 10

Gleiche Ergebnisse 107

Finde sechs Multiplikationsaufgaben, die als Ergebnis 12 haben.

1 • 12 = 12

12 • 1 = 12

2 • 6 = 12

6 • 2 = 12

3 • 4 = 12

4 • 3 = 12

Gleiche Ergebnisse 108

Finde sechs Multiplikationsaufgaben, die als Ergebnis 18 haben.

1 • 18 = 18

18 • 1 = 18

2 • 9 = 18

9 • 2 = 18

3 • 6 = 18

6 • 3 = 18

Lösungen

Gleiche Ergebnisse — 109
Finde sechs Multiplikationsaufgaben, die als Ergebnis 20 haben.

$1 \cdot 20 = 20$

$20 \cdot 1 = 20$

$2 \cdot 10 = 20$

$10 \cdot 2 = 20$

$4 \cdot 5 = 20$

$5 \cdot 4 = 20$

Gleiche Ergebnisse — 110
Finde acht Multiplikationsaufgaben, die als Ergebnis 24 haben.

$1 \cdot 24 = 24$

$24 \cdot 1 = 24$

$2 \cdot 12 = 24$

$12 \cdot 2 = 24$

$3 \cdot 8 = 24$

$8 \cdot 3 = 24$

$4 \cdot 6 = 24$

$6 \cdot 4 = 24$

Richtig oder falsch? — 111
Finn möchte wissen, welche Aussage richtig und welche falsch ist. Kannst du ihm helfen? Schreibe ein R oder ein F in das Kästchen.

10 ist ein Vielfaches von 2. **R**

14 ist ein Vielfaches von 5. **F**

21 ist ein Vielfaches von 2. **F**

20 ist ein Vielfaches von 10. **R**

35 ist ein Vielfaches von 5. **R**

16 ist ein Vielfaches von 10. **F**

Richtig oder falsch? — 112
Tara möchte wissen, welche Aussage richtig und welche falsch ist. Kannst du ihr helfen? Schreibe ein R oder ein F in das Kästchen.

7 ist ein Vielfaches von 2. **F**

45 ist ein Vielfaches von 5. **R**

10 ist ein Vielfaches von 10. **R**

18 ist ein Vielfaches von 2. **R**

52 ist ein Vielfaches von 5. **F**

26 ist ein Vielfaches von 10. **F**

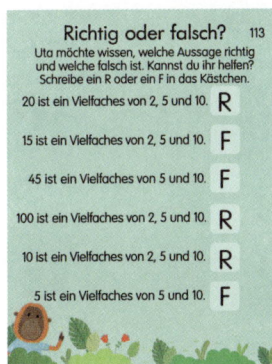

Richtig oder falsch? — 113
Uta möchte wissen, welche Aussage richtig und welche falsch ist. Kannst du ihr helfen? Schreibe ein R oder ein F in das Kästchen.

20 ist ein Vielfaches von 2, 5 und 10. **R**

15 ist ein Vielfaches von 2, 5 und 10. **F**

45 ist ein Vielfaches von 5 und 10. **F**

100 ist ein Vielfaches von 2, 5 und 10. **R**

10 ist ein Vielfaches von 2, 5 und 10. **R**

5 ist ein Vielfaches von 5 und 10. **F**

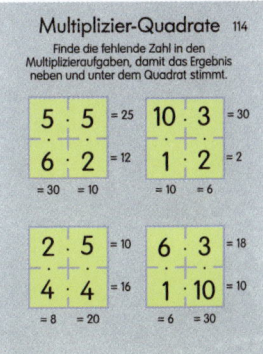

Multiplizier-Quadrate — 114
Finde die fehlende Zahl in den Multiplizieraufgaben, damit das Ergebnis neben und unter dem Quadrat stimmt.

$5 \cdot 5 = 25$, $6 \cdot 2 = 12$, $= 30$, $= 10$

$10 \cdot 3 = 30$, $1 \cdot 2 = 2$, $= 10$, $= 6$

$2 \cdot 5 = 10$, $4 \cdot 4 = 16$, $= 8$, $= 20$

$6 \cdot 3 = 18$, $1 \cdot 10 = 10$, $= 6$, $= 30$

Textaufgaben — 115
Schreibe die Lösungszahl zu diesen Textaufgaben in die Kästchen.

In einem Netz sind fünf Orangen. Wie viele Orangen sind in acht Netzen? **40**

Auf einer Kegelbahn stehen neun Kegel. Wie viele Kegel stehen auf zehn Kegelbahnen? **90**

In einer Erdnussschale sind zwei Erdnüsse. Wie viele Erdnüsse sind in fünf Erdnussschalen? **10**

Ein Schmetterling hat zwei Punkte. Wie viele Punkte haben sieben Schmetterlinge? **14**

Multiplikationstafel — 116
Trage die fehlenden Zahlen in die Tafel ein. Multipliziere dafür die Zahl in der ersten Spalte mit der Zahl in der obersten Reihe.

·	1	6	4	0	3
10	10	60	40	0	30
5	5	30	20	0	15
2	2	12	8	0	6
4	4	24	16	0	12
3	3	18	12	0	9

Zahlenpyramiden — 117
Hilf Finn! In jede Frucht kommt das Ergebnis, das du erhältst, wenn du die zwei darunterliegenden Zahlen miteinander multiplizierst.

54 / 6 9 / 2 3 3

60 / 6 10 / 3 2 5

Ich habe die erste Zahl schon eingetragen

18 / 6 3 / 2 3 1

100 / 10 10 / 2 5 2

Lösungen

Textaufgaben 118

Schreibe die Lösungszahl zu diesen Textaufgaben in die Kästchen.

Ein Papagei hat zwei Flügel.
Wie viele Flügel haben fünf Papageien? **10**

An einem Fuß sind fünf Zehen.
Wie viele Zehen sind an vier Füßen? **20**

In einer Packung sind zehn Kekse.
Wie viele Kekse sind in neun Packungen? **90**

Alfi kann zehn Bananen in einer Minute pflücken. Wie viele Bananen kann er in sechs Minuten pflücken? **60**

Honigwabe 119

Finde einen Weg vom Start zum Ziel, indem du nur über Zahlen gehst, die ein Vielfaches von 2 sind. Gehe nicht zweimal durch dieselbe Zelle.

Multiplizier-Quadrate 120

Finde die fehlende Zahl in den Multiplizieraufgaben, damit das Ergebnis neben und unter dem Quadrat stimmt.

Zahlenpyramiden 121

Hilf Finn! In jede Frucht kommt das Ergebnis, das du erhältst, wenn du die zwei darunterliegenden Zahlen miteinander multiplizierst.

Textaufgaben 122

Schreibe die Lösungszahl zu diesen Textaufgaben in die Kästchen.

Eine Ampel hat drei Lichter.
Wie viele Lichter haben vier Ampeln? **12**

In einer Packung sind sechs Dosen.
Wie viele Dosen sind in drei Packungen? **18**

An einem Dreirad sind drei Räder.
Wie viele Räder sind an fünf Dreirädern? **15**

In einem Kanu können sechs Affen fahren. Wie viele Affen können in sieben Kanus fahren? **42**

Multiplikationstafel 123

Trage die fehlenden Zahlen in die Tafel ein. Multipliziere dafür die Zahl in der ersten Spalte mit der Zahl in der obersten Reihe.

·	2	10	0	5	4
4	8	40	0	20	16
6	12	60	0	30	24
2	4	20	0	10	8
1	2	10	0	5	4
3	6	30	0	15	12

Honigwabe 124

Finde einen Weg vom Start zum Ziel, indem du nur über Zahlen gehst, die ein Vielfaches von 5 sind. Gehe nicht zweimal durch dieselbe Zelle.

Multiplizier-Quadrate 125

Finde die fehlende Zahl in den Multiplizieraufgaben, damit das Ergebnis neben und unter dem Quadrat stimmt.

Textaufgaben 126

Schreibe die Lösungszahl zu diesen Textaufgaben in die Kästchen.

In einer Eiswaffel sind drei Kugeln.
Wie viele Kugeln sind in sieben Eiswaffeln? **21**

Eine Ameise hat sechs Beine.
Wie viele Beine haben zehn Ameisen? **60**

In einem Heißluftballon können drei Personen mitfahren. Wie viele Personen können in neun Heißluftballons mitfahren? **27**

Tilo braucht sechs Sekunden, um einen Baum zu zeichnen. Wie lange braucht er, um acht Bäume zu zeichnen? **48**